本書係「敦煌文獻系統性保護整理出版工程」項目成果

二〇二一—二〇三五年國家古籍工作規劃重點出版項目

「十四五」國家重點出版物出版規劃項目

國家古籍整理出版專項經費資助項目

中國國家圖書館藏敦煌文獻

中國國家圖書館 編

第一八册

BD00233～BD00244

國家圖書館出版社

DUNHUANG MANUSCRIPTS IN THE NATIONAL LIBRARY OF CHINA

018

BD00233 ~ BD00244

compiled by the

National Library of China

National Library of China Publishing House

凡例

一 本書刊布中國國家圖書館藏敦煌文獻，以館藏編號爲序編排。

二 館藏編號采用「BD+流水號」格式，如 BD00001, BD16579 等。背面在編號後加 v 表示。一個編號包含多件文獻者，編號後分别綴以字母 A, B, C 等。一件文獻含有多個内容者，以數字 -1, -2, -3 等標明順序。

三 圖版有縮印或放大處另加説明，尺寸超出本書幅面的以摺葉形式呈現。

四 卷軸裝、梵夾裝、經摺裝等裝幀形制的敦煌文獻，各附外觀圖像。

五 每件文獻依次呈現外觀、正面、背面等。背面僅刊布有文字、圖像或其他要素的圖版，而略去素紙部分，背面圖版同樣以從右到左順序編排。凡有外題者，遵從以上原則。

六 除個别特殊情况外，爲保證閲讀連貫、流暢，圖版儘量通欄呈現。

七 各葉上方附該件文獻全圖，以高亮形式顯示本葉大圖在全卷中的位置。部分長卷文獻全圖祇能分多段呈現時，在上段末以‹符標示下段接續。卷尾内容不足一葉時，文獻全圖使用該圖卷尾部分，亦以‹符標示。背面圖版文字與正面文字方向相反時，文獻全圖按原貌顯示，正文翻轉呈現，以便閲讀研究，用↻符標示。

八 文獻題名大體沿用中國國家圖書館此前所編多部敦煌文獻目録的考證，部分吸收學界最新研究成果略作調整和完善。文獻題名綜合參考原卷首題、尾題、外題確定，如原卷題名與該文獻正式名稱不同，則采用正式名稱；無題名者，或比定題名，或擬定新名。非漢文文獻在題名前標注語種。有分卷不同等其他情况者，括注於文獻名稱後。

九 本書著録使用通行繁體字，涉及原文中的人名、地名等，必要時保留原字形。

About this publication

1. The documents are presented in shelfmark order.
2. The shelfmarks are in the form BD plus a running number, eg. BD00001, BD16579, &c. If a given shelfmark contains multiple documents, these are distinguished by the letters A, B, C, &c. If a document has multiple contents, they are distinguished by the numbering 1, 2, 3, &c. The verso side of an item is indicated by the letter v.
3. If it has been necessary to reduce or enlarge the size of an illustration, the dimensions are indicated. If the size of an illustration exceeds the size of the book, a folding sheet is used.
4. If the document is a scroll, a folded sutra, or has a stitched binding, a picture of the whole object is provided to show its external appearance.
5. The cover, front, and back of each document are reproduced in sequence. The back of a document is only reproduced if it contains text, illustrations, or other markings, and it is oriented from right to left. If it is blank it is not reproduced.
6. Except in a few special cases, the lines of text are reproduced unbroken to make them coherent and easier to read.
7. An illustration of the complete document is reproduced at the top of each page, and the section where the main illustration appears is highlighted in order to indicate its position. If it has only been possible to reproduce a long scroll in sections, the direction symbol has been used to indicate where one illustration ends and the next one begins. If the end of the scroll occupies less than one page, the direction symbol is used to indicate its position in the illustration of the complete document. If the text on the back of the document has a different orientation from the text on the front, it is reproduced as it is, but is also rotated (indicated with the rotation symbol) so that it can be read easily.
8. The titles of the documents generally conform with those already established by the Library, but in some cases have been amended by drawing on the most recent scholarly research. The titles are derived firstly from the beginning of the text, then from the end of the text, and lastly from the cover. If the title of a document differs from its authoritative form, the authoritative form is used; and if a document has no title, one is either supplied by comparison with similar documents, or a new one is devised. If the document is not in Chinese, its language is indicated before the title. If the number of juan is different from that of the authoritative version, or if there are other irregularities, this is noted.
9. The documents in the book are in traditional Chinese characters. Where the title contains personal or place names, the original characters used for these names are retained.

(Translated by David Helliwell)

第一八册目録

BD00233 金光明最勝王經卷一

（唐）義净 譯

518cm×25cm

晡時從定而起觀察大衆而說頌曰

金光明妙法　最勝諸經王　甚深難得聞　諸佛之境界

我當為大衆　宣說如是經　并四方四佛　威神共加護

東方阿閦尊　南方寶相佛　西方無量壽　北方天鼓音

我復演妙法　吉祥懺中勝　能滅一切罪　淨除諸惡業

及消衆苦患　常與无量樂　一切智根本　諸功德莊嚴

衆生身不具　壽命將損減　諸惡相現前　天神皆捨離

親友懷瞋恨　眷屬悉分離　彼此共乖違　珎財皆散失

惡星為變怪　或被邪蠱侵　若復多憂愁　衆苦之所逼

睡眠見惡夢　因此生煩惱　是人當澡浴　應著鮮潔衣

於此妙經王　甚深佛所讚　專注心無亂　讀誦聽受持

由此經威力　能離諸災橫　及餘衆苦難　无不皆除滅

護世四王衆　及大臣眷屬　无量諸藥叉　一心皆擁衛

如是天神等　并將其眷屬　皆來護是人　晝夜常不離
我當說是經　甚深佛行處　諸佛秘密教　千万劫難逢
若有聞是經　能為他演說　若心生隨喜　或設於供養
如是諸人等　當於無量劫　常為諸天人　龍神所恭敬
此福聚無量　數過於恒沙　讀誦是經者　當獲斯功德
亦為十方尊　深行諸菩薩　擁護持經者　令離諸苦難
供養是經者　如前澡浴身　飲食及香花　恒起慈悲意
若欲聽是經　令心淨無垢　常生歡喜念　能長諸功德
若以尊重心　聽聞是經者　善生於人趣　遠離諸苦難
彼人善根熟　諸佛之所讚　方得聞是經　及以懺悔法

金光明最勝王經如來壽量品第二

尒時王舍大城有一菩薩摩訶薩名曰妙幢
已於過去無量俱胝那庾多百千佛所承事
供養殖諸善根是時妙幢菩薩獨於靜處

BD00233　金光明最勝王經卷一

爾時王舍大城有菩薩摩訶薩名妙幢
已於過去無量俱胝那庾多百千佛所承事
供養殖諸善根是時妙幢菩薩獨於靜處
作是思惟以何因緣釋迦牟尼如來壽命短促
唯八十年復作是念如佛所說有二因緣得壽
命長云何為二一者不害生命二者施他飲食
然釋迦牟尼如來曾於無量百千万億无數
大劫不害生命行十善道常以飲食惠施
一切飢餓衆生乃至己身血肉骨髓亦持施與
令得飽滿況餘飲食時彼菩薩於世尊所作
是念時以佛威力其室忽然廣博嚴淨帝
青琉璃種種衆寶雜彩間飾如佛淨土有妙
香氣過諸天香芬馥充滿於其四面各有
上妙師子之座四寶所成以天寶衣而敷其上

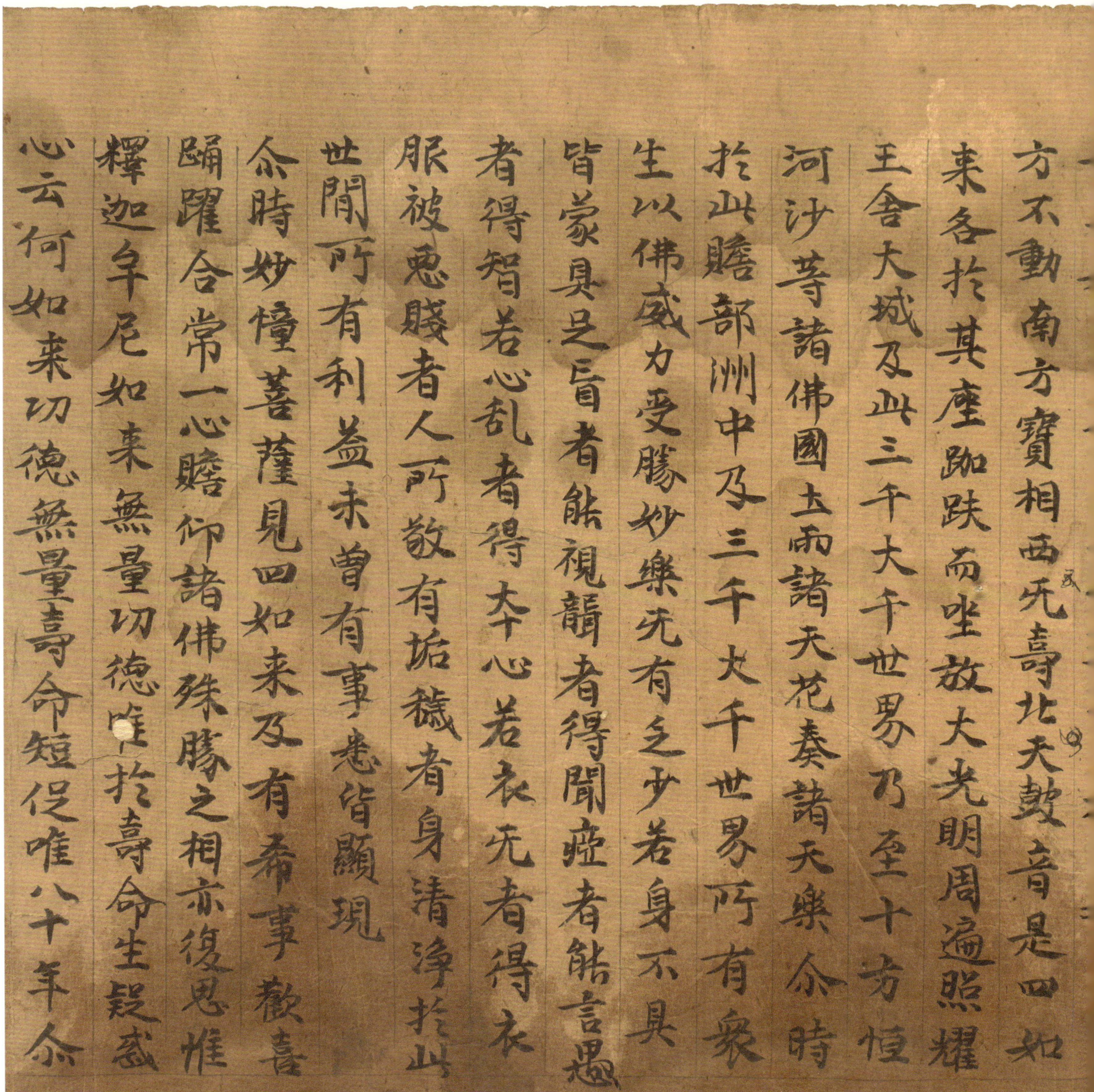

方不動南方寶相西无壽北天鼓音是四如
来各於其座跏趺而坐放大光明周遍照耀
王舍大城及此三千大千世界乃至十方恒
河沙等諸佛國土雨諸天花奏諸天樂尒時
於此贍部洲中及三千大千世界所有衆
生以佛威力受勝妙樂无有乏少若身不具
皆蒙具足盲者能視聾者得聞瘂者能言愚
者得智若心乱者得本心若衣无者得衣
服被惡賤者人所敬有垢穢者身清淨於此
世間所有利益未曾有事悉皆顯現
尒時妙幢菩薩見四如来及有希事歡喜
踊躍合掌一心瞻仰諸佛殊勝之相亦復思惟
釋迦牟尼如来無量功德唯於壽命生疑惑
心云何如来功德無量壽命短促唯八十年尒

BD00233　金光明最勝王經卷一

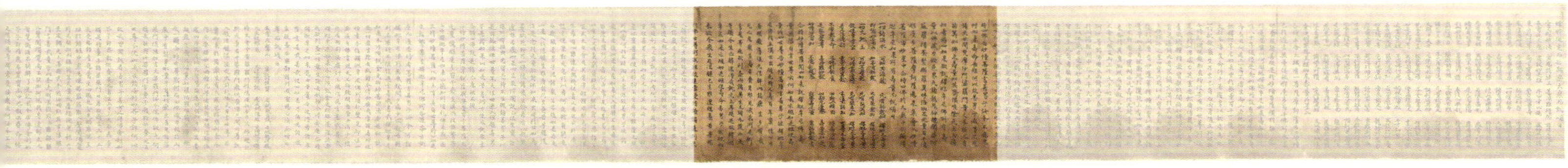

心云何如來功德無量壽命短促唯八十年尒
時四佛告妙幢菩薩言善男子汝今不應思
忖如來壽命長短何以故善男子我等不見
諸天世間梵摩沙門婆羅門等人及非人有
能筭知佛之壽量知其齊限唯除无上正遍
知者時四如來欲說釋迦牟尼佛所有壽
量以佛威力欲色界天諸龍鬼神揵闥婆阿
蘇羅揭荼緊那羅莫呼洛伽及无量百千億
那庾多菩薩摩訶薩悉來集會入妙幢
菩薩淨妙室中尒時四佛於大衆中欲顯釋
迦牟尼如來所有壽量而說頌曰

一切諸海水　可知其滴數　无有能數知　釋迦之壽量
析諸妙高山　如芥可知數　无有能數知　釋迦之壽量
一切大地土　可知其塵數　无有能筭知　釋迦之壽量

不害衆生命　及施於飲食　由斯二種因　得壽命長遠
是故大覺尊　壽命難知數　如劫无邊際　壽量亦如是
妙幢汝當知　不應起疑惑　最勝壽无量　莫能知數者
尒時妙幢菩薩聞四如來說釋迦牟尼佛壽
量無限白言世尊云何如來示現如是短促壽
量時四世尊告妙幢菩薩言善男子彼釋迦牟
尼佛於五濁世出現之時人壽百年稟性下劣
善根微薄復无信解此諸衆生多有我
見人見衆生壽者養育邪見我我所見斷
常見等為欲利益此諸異生及諸外道如是
等類令生正解速得成就无上菩提是故釋迦
牟尼如來示現如是短促壽命善男子然彼如
來欲令衆生見涅槃已生難遭想憂苦等想
於佛世尊所說經教速當受持讀誦通利為

BD00233　金光明最勝王經卷一

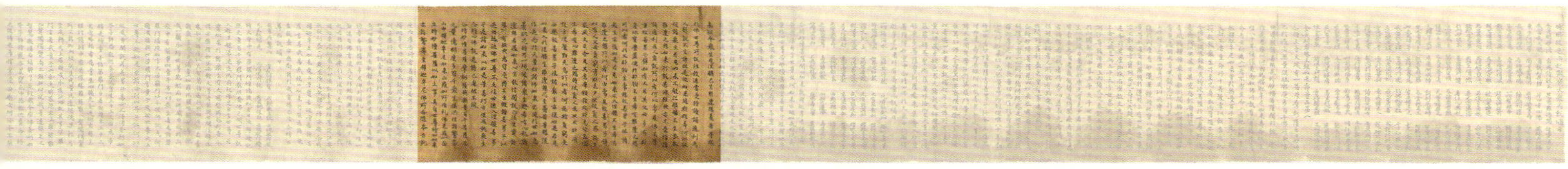

来欲令衆生見涅槃已生難遭想憂苦等想
於佛世尊所說經教速當受持讀誦通利為
人解說不生謗毀是故如来現斯短壽何以故
彼諸衆生若見如来不般涅槃不生恭敬
難遭之想如来所說甚深經典亦不受持讀
誦通利為人宣說所以者何以常見佛不尊
重故善男子譬如有人見其父母多有財
産珎寶豐盈便於財物不生希有難遭之想
所以者何於父財物生常想故善男子彼諸
衆生亦復如是若見如来不入涅槃不生希有
難遭之想所以者何由常見故善男子譬
如有人父母貧窮資財乏少然彼貧人或詣王
家或大臣舍見其倉庫種種珎財悉皆盈滿

安樂故善男子彼諸衆生亦復如是若見
如来入扵涅槃生難遭想乃至憂苦等想復
作是念扵无量劫諸佛如来出現扵世如烏
曇跋花時乃一現彼諸衆生發希有心起難
遭想若遇如来心生敬信聞説正法生實語
想所有經典悉皆受持不生毀謗善男子以
是因緣彼佛世尊不久住世速入涅槃善男
子是諸如来以如是等善巧方便成就衆生
尒時四佛説是語已忽然不現
尒時妙幢菩薩摩訶薩與無量百千菩薩及
无量億那庾多百千衆生俱共往詣鷲峯
山中釋迦牟尼如来正遍知所頂礼佛足在一面
立時妙幢菩薩以如上事具白世尊時四如来
亦詣鷲峯至釋迦牟尼佛所各隨本方就

BD00233　金光明最勝王經卷一

亦詣鷲峯至釋迦牟尼佛所各隨本方就
座而座告侍者菩薩言善男子汝今可詣
釋迦牟尼佛所為我致問少病少惱起居輕
利安樂行不復作是言善哉善哉釋迦牟尼
如来今可演説金光明經甚深法要為欲饒
益一切衆生除去飢饉令得安樂我當隨喜時彼
侍者各詣釋迦牟尼佛所頂礼雙足却住一
面俱白佛言彼天人師致問無量少病少惱
起居輕利安樂行不復作是言善哉善哉
釋迦牟尼如来今可演説金光明經甚深法要
為欲利益一切衆生除去飢饉令得安樂尒時
釋迦牟尼如来應正等覺告彼侍者諸菩
薩言善哉善哉彼四如来乃能為諸衆
生饒益安樂勸請於我宣揚正法尒時世

凡夫起邪見　不信我所說　為成就彼故　示現般涅槃
時大會中有婆羅門姓憍陳如名曰法師授記
與无量百千婆羅門衆供養佛已聞世尊說
入般涅槃涕淚交流前礼佛足白言世尊若
實如来於諸衆生有大慈悲憐愍利益令
得安樂猶如父母餘无等者能與世間作歸依
處如淨滿月以大智慧能為照明如日初出普
觀衆生愛无偏黨如羅怙羅唯願世尊施
我一願尒時世尊默然而止佛威力故於此
衆中有梨車毗童子名一切衆生喜見語婆
羅門憍陳如言大婆羅門汝今從佛欲乞何
願我能與汝婆羅門言童子我欲供養无上
世尊今從如来求請舍利如芥子許何以
故我曾聞若善男子善女人得佛舍利

世尊今從如来求請舍利如芥子許何以
故我曾聞說若善男子善女人得佛舍利如
芥子許恭敬供養是人當生三十三天而為帝
釋是時童子語婆羅門曰若欲願生三十三
天受勝報者應當至心聽是金光明㝡勝王
經於諸經中㝡為殊勝難解難入聲聞獨覺
所不能知此經能生无量无邊福德果報乃
至成辦无上菩提我今為汝略說其事婆羅
門言善哉童子此金光明甚深㝡上難解難
入聲聞獨覺尚不能知何況我等邊鄙之人
智慧微淺而能解了是故我今求佛舍利如
芥子許持還本置寶函中恭敬供養命終
之後得為帝釋常受安樂云何汝今不能

恒河駛流水　可生白蓮花　黃鳥作白形　黑鳥變為赤
假使贍部樹　可生多羅菓　朅樹羅枝中　能出菴羅菓
斯等希有物　或容可轉變　世尊之舍利　畢竟不可得
假使用龜毛　織成上妙法（服）　寒時可披著　方求佛舍利
假使蚊蚋足　可使成樓觀　堅固不搖動　方求佛舍利
假使水蛭蟲　口中生白齒　長大利如鋒　方求佛舍利
假使持兔角　用成於梯蹬　可昇上天宮　方求佛舍利
鼠緣此梯上　除去阿蘇羅　能障於日月　方求佛舍利
若蠅飲酒醉　周行村邑中　廣造於舍宅　方求佛舍利
若使驢脣色　赤如頻婆菓　善作於歌舞　方求佛舍利
烏與鵂鶹鳥　同共一處遊　彼此相順從　方求佛舍利
假使波羅葉　可成於傘蓋　能遮於大雨　方求佛舍利
假令大船舶　盛滿諸財寶　能令陸地行　方求佛舍利
假使鷦鷯鳥　以嘴銜香山　隨處任遊行　方求佛舍利

假使鵄鵂鳥　以觜銜香山　隨處住遊行　方求佛舍利
尒時法師授記婆羅門聞此頌已亦以伽他
荅一切衆生喜見童子曰
善哉大童子　此衆中吉祥　善巧方便心　得佛无上記
如來大威德　能救護世間　仁可至心聽　我今次第說
諸佛境難思　世間无與等　法身性常住　脩行无差別
諸佛體皆同　所說法亦尒　諸佛无作者　亦復本无生
世尊金剛體　權現於化身　是故佛舍利　无如芥子許
佛非血肉身　云何有舍利　方便留身骨　為益諸衆生
法身是正覺　法界即如來　此是佛真身　亦說如是法
尒時會中三万二千天子聞說如來壽命長
遠皆發阿耨多羅三藐三菩提心歡喜踊躍
得未曾有異口同音而說頌曰

尒時妙幢菩薩親於佛前及四如来并二大士
諸天子所聞説釋迦牟尼如来壽量事已復
從座起合掌恭敬白佛言世尊若實如是
諸佛如来不般涅槃无舍利者云何經中説
有涅槃及佛舍利令諸人天恭敬供養過去
諸佛現有身骨流布於世人天供養得福无
邊今復言无致生疑惑唯願世尊哀愍我
等廣為分別
尒時佛告妙幢菩薩及諸大衆汝等當知云
般涅槃有舍利者是蜜意説如是之義當一心
聽善男子菩薩摩訶薩如是應知有其十
法能解如来應正等覺真實理趣説有究竟
大涅槃云何為十一者諸佛如来究竟斷
盡諸煩惱障所知障故名為涅槃二者諸佛

BD00233　金光明最勝王經卷一

盡諸煩惱障所知障故名為涅般二者諸佛
如来善能解了有情无性及法无性故名為
涅槃三者能轉身依及法依故名為涅槃四者
於諸有情任運休息化因緣故名為涅槃五
者證得真實无差別相平等法身故名為
涅槃六者了知生死及以涅槃无二性故名
為涅槃七者於一切法了其根本證清淨故
名為涅槃八者於一切法无生无滅善脩行故
名為涅槃九者真如法界實際平等得正
智故名為涅槃十者於諸法性及涅槃性得
无差別故名為涅槃是謂十法說有涅槃
復次善男子菩薩摩訶薩如是應知復有十
法能解如来應正等覺真實理趣說有究竟

槃二者以諸如來斷諸樂欲不取一法以不取
故无去无来无所取故名為涅槃三者以無
去来及无所取是則法身不生不滅无生
滅故名為涅槃四者此無生滅非言所宣言語
斷故名為涅槃五者无有我人唯法生滅得
轉依故名為涅槃六者煩惱隨惑皆是客塵
法性是主无来无去佛了知故名為涅槃七
者真如是實餘皆虛妄實性體者即是真
如真如性者即是如来名為涅槃八者實際
之性无有戲論唯獨如来證實際法戲論永
斷名為涅槃九者無生是實生是虛妄愚癡
之人漂溺生死如来體實無有虛妄名為涅
槃十者不實之法是從緣生真實之法不從
緣起如来法身體是真實名為涅槃善

緣起如来法身體是真實名為涅槃善
男子是謂十法訖有涅槃
復次善男子菩薩摩訶薩如是應知復有
十法能解如来應正等覺真實理趣訖有究
竟大般涅槃云何為十一者如来善知施及施
果無我我所此施及果不正分别永除滅故名
為涅槃二者如来善知戒及戒果無我我所
此戒及果不正分别永除滅故名為涅槃三者
如来善知忍及忍果无我我所此忍及果不
正分别永除滅故名為涅槃四者如来善知勤
及勤果無我我所此勤及果不正分别永除
滅故名為涅槃五者如来善知定及定果
无我我所此定及果不正分别永除滅故

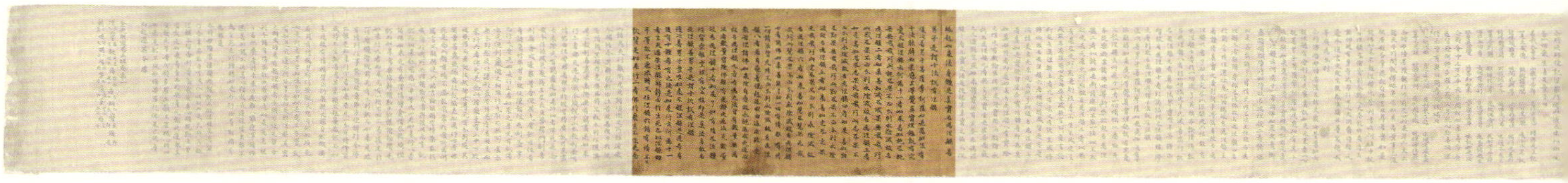

七者諸佛如来善能了知一切有情非有情
一切諸法皆无性不正分別永除滅故名為涅
槃八者若自愛着便起追求由追求故受
衆苦惱諸佛如来除自愛故永絶追求无追求
故名為涅槃九者有為之法皆有數量無為
法者數量皆除佛離有為證无為法无數量
故名為涅槃十者如来了知有情及法體
性皆空離空非有空性即是真法身故名
為涅槃善男子是謂十法説有涅槃
復次善男子豈唯如来不般涅槃是為希有
復有十種希有之法是如来行云何為十一
者生死過失涅槃寂靜由於生死及以涅槃證
平等故不處流轉不住涅槃於諸有情不生
猒背是如来行二者佛於衆生不作是念

歟背是如来行二者佛於衆生不作是念
此諸愚夫行顛倒見為諸煩惱之所纏迫我
今開悟令其解脫然由往昔慈善根力於彼
有情隨其根性意樂勝解不起分別任運濟
度示教利喜盡未来際無有窮盡是如来
行三者佛无是念我今演說十二分教利益有
情然由往昔慈善根力於彼有情廣說乃至盡
未来際无有窮盡是如来行四者佛无是念
我今往彼城邑聚落王及大臣婆羅門刹帝
利薜舍戍達羅等舍從其乞食然由往昔
身語意行串習力故任運詣彼為利益事
而行乞食是如来行五者如来之身无有飢渴
亦无便利羸憊之相雖行乞取而無所食亦

彼機性而為說法然佛世尊无有分別隨其
器量善應機緣為彼說法是如來行七者佛
无是念此類有情不恭敬我常於我所出呵
罵言不能與彼共為言論彼類有情恭敬於
我常於我所共相讚歎我當與彼共為言說
然而如來起慈悲心平等无二是如來行八者
諸佛如來无有愛憎憍慢貪惜及諸煩惱
然而如來常樂寂靜讚歎少欲離諸諠鬧是
如來行九者如來无有一法不知不善通達於
一切處鏡智現前无有分別然而如來見彼
有情所作事業隨彼意轉方便誘引令得
出離是如來行十者如來若見一分有情得富
盛時不生歡喜見其衰損不起憂慼然而如
來見彼有情脩習正行無礙大慈自然救攝

来見彼有情脩習正行無礙大慈自然救攝
若見有情脩習邪行無礙大悲自然救攝是
如来行善男子如是當知如来應正等覺説
有如是无邊正行汝等當知是謂涅槃真實
之相或時見有般涅槃者是權方便及留舍
利令諸有情恭敬供養皆是如来慈善根
力若供養者於未来世遠離八難逢事諸佛
遇善知識不失善心福報无邊速當出離不
為生死之所纏縛如是妙行汝等勤脩勿
為放逸
尒時妙幢菩薩聞佛親説不般涅槃及甚深
行合掌恭敬白言我今始知如来大師不般
涅槃及留舍利普益衆生身心踊悅歎未曾

如来忽然不現妙幢菩薩礼佛足已從座

而起還其本處

金光明㝡勝王經卷苐一

逕失入 鼜盡芍 駛所吏從史 慱補各從十 㾊尼下 蚋而稅 瞖盡計 鷂即遙

鵁子蕭 鵂許尤 鶹力求 揭憾蝎 業即委 僃蒲拜 荼宅加從示 蛭之日

BD00233　金光明最勝王經卷一

BD00234 金光明最勝王經卷五

（唐）義净 譯

BD00234v-1 雜寫

BD00234v-2 開寶三年十一月七日爲母做七啓請永安寺翟僧正等疏（擬）

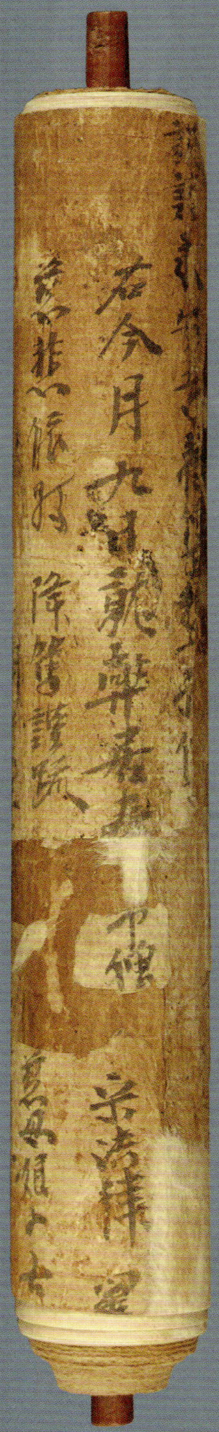

727.7cm × 26.3cm

金光明最勝王經蓮花喻讚品第七 五 三藏法師義淨奉 制譯

尒時佛告菩提樹神善女天汝今應知妙幢
夜夢見妙金鼓出大音聲讚佛功德并懺悔
法此之因緣我為汝等廣說其事應當諦聽
善思念之過去有王名金龍主常以蓮花喻
讚歎十方三世諸佛即為大衆說其讚曰

過去未來現在佛　安住十方世界中
我今至誠稽首禮　一心讚歎諸最勝

[illegible]
髮彩喻若黑蜂王　宛轉旋文紺
齒白齊密如珂雪　平正顯現
目淨無垢妙端嚴　猶如廣
舌相廣長極柔軟　譬如紅蓮出水
眉間常有白毫光　右旋宛轉頗梨色
眉細纖長類初月　其色光耀比蜂王
鼻高脩直如金鋌　淨妙光潤相無虧
一切世間殊妙香　聞時悉知其所在
世尊最勝身金色　一一毛端相不殊
紺青柔軟右旋文　微妙光彩難為喻
初誕身有妙光明　普照一切十方界
能滅三有眾生苦　令彼悉蒙安隱樂
地獄傍生鬼道中　阿蘇羅天及人趣

地獄傍生鬼道中　阿蘇羅天及人趣
令彼除滅於衆苦　常受自然安隱樂
身色光明常普照　譬如鎔金妙無比
面貌圓明如滿月　脣色赤好喻頻婆
行步威儀類師子　身光朗耀同初日
臂肘纖長立過膝　狀等垂下娑羅枝
圓光一尋照无邊　赫奕猶如百千日
悉能遍至諸佛刹　隨緣所在覺群迷
淨光明網无倫比　流輝遍滿百千界
普明十方无障礙　一切冥闇悉皆除
善逝慈光能與樂　妙色暎徹等金山
流光悉至百千土　衆生遇者皆出離
佛身成就无量福　一切功德共莊嚴

所有過去三世佛　數如大地諸微塵
未來現在十方尊　亦如大地微塵衆
我以至誠身語意　稽首歸依三世佛
讚歎無邊功德海　種種香花皆供養
設我口中有千舌　經無量劫讚如來
世尊功德不思議　最勝甚深難可說
假令我舌有百千　讚歎一佛一功德
於中少分尚難知　況諸佛德無邊際
假使大地及諸天　乃至有頂為海水
可以毛端滴知數　佛一功德甚難量
我以至誠身語意　礼讚諸佛德無邊
所有勝福果難思　迴施衆生速成佛
彼王讚歎如來已　倍復深心發弘願
願我當於未來世　生在無量無數劫

願我當於未來世　生在无量无數劫
夢中常見大金鼓　得聞顯說懺悔音
讚佛功德喻蓮花　願證无生成正覺
諸佛出世時一現　於百千劫甚難逢
夜夢常聞妙鼓音　晝則隨應而懺悔
我當圓滿修六度　拔濟衆生出苦海
然後得成无上覺　佛土清淨不思議
以妙金鼓奉如來　并讚諸佛實功德
因斯當見釋迦佛　記我當紹人中尊
金龍金光是我子　過去曾爲善知識
世世願生於我家　共受无上菩提記
若有衆生无救護　長夜輪迴受衆苦
我於來世作歸依　令彼常得安隱樂

[illegible]

願此金光懺悔福　永竭苦海罪消除

業障煩惱悉皆巳　令我速招清淨果

福智大海量无邊　清淨離垢深无底

願我獲斯功德海　速成无上大菩提

以此金光懺悔力　當獲福德淨光明

既得清淨妙光明　常以智光照一切

願我身光等諸佛　福德智慧亦復然

一切世間獨稱尊　威力自在无倫疋

有漏苦海願超越　无為樂海願常遊

現在福海願恒盈　當來智海願圓滿

願我剎土超三界　殊勝功德量无邊

諸有緣者悉同生　皆得速成清淨智

妙幢汝當知　國王金龍主　曾發如是願　彼即是汝身

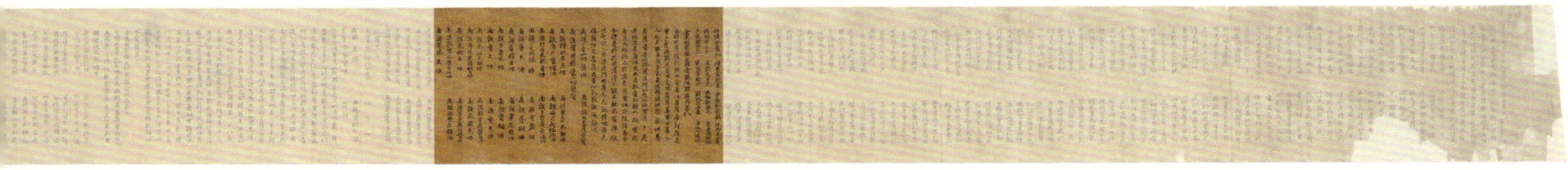

妙幢汝當知 國王金龍主 曾發如是願 彼即是汝身
往時有二子 金龍及金光 即銀相銀光 當受我所記
大衆聞是說 皆發菩提心 願現在未來 常依此懺悔

金光明最勝王經金勝陀羅尼品第八

尒時世尊復於衆中告善住菩薩摩訶薩善
男子有陀羅尼名曰金勝若有善男子善女
人欲求親見過去未來現在諸佛恭敬供養
者應當受此陀羅尼何以故此陀羅尼乃是
過現未來諸佛之母是故當知持此陀羅尼
者具大福德已於過去無量佛所殖諸善本
今得受持於戒清淨不毀不缺无有障礙
決定能入甚深法門世尊即為說持呪法先
稱諸佛及菩薩名至心礼敬然後誦呪

南謨[illegible]

南謨釋迦牟尼佛　南謨東方不動佛
南謨南方寶幢佛　南謨西方阿弥陁佛
南謨北方天鼓音佛　南謨上方廣衆德佛
南謨下方明德佛　南謨寶藏佛
南謨普光佛　南謨普明佛
南謨香積王佛　南謨蓮花勝佛
南謨平等見佛　南謨寶髻佛
南謨寶上佛　南謨寶光佛
南謨无垢光明佛　南謨辯才莊嚴思惟佛
南謨淨月光稱相王佛　南謨花嚴光佛
南謨光明王佛　南謨善光無垢稱王佛
南謨觀察无畏自在佛　南謨無畏名稱佛
南謨最勝王佛

南謨最勝王佛
南謨觀自在菩薩摩訶薩　南謨地藏菩薩摩訶薩
南謨虛空藏菩薩摩訶薩　南謨妙吉祥菩薩摩訶薩
南謨金剛手菩薩摩訶薩　南謨普賢菩薩摩訶薩
南謨无盡意菩薩摩訶薩　南謨大勢至菩薩摩訶薩
南謨慈氏菩薩摩訶薩　南謨善惠菩薩摩訶薩
陁羅尼曰
南謨君頃怛娜怛喇夜也　怛姪他
君睇　君睇　矩折囇矩折囇
壹窒哩蜜窒哩　莎訶
佛告善住菩薩此陁羅尼是三世佛母若有
若男子善女人持此呪者能生无量无邊福
德之聚而是供養恭敬尊重讚歎无數諸
[illegible]

食財寶多聞聰慧无病長壽獲福甚多隨
所願求无不遂意善住持是呪者乃至未證
无上菩提常與金城山菩薩慈氏菩薩大海菩
薩觀自在菩薩妙吉祥菩薩大氷伽羅菩薩
等而共居止為諸菩薩之所攝護善住當知
持此呪時作如是法先應誦持滿一万八遍
為前方便次於闇室莊嚴道場黑月一日清
淨洗浴著鮮潔衣燒香散花種種供養并諸
飲食入道場中先當稱礼如前所說諸佛菩
薩至心慇重悔先罪已右膝著地可誦前呪
滿一千八遍端坐思惟念其所願日未出時
於道場中食淨黑食日唯一食至十五日方
出道場能令此人福德威力不可思議隨所

出道場能令此人福德威力不可思議隨所願求无不圓滿若不遂意重入道場既稱心已常持莫忘

金光明最勝王經重顯空性品第九

尒時世尊說此呪已為欲利益菩薩摩訶薩人天大衆令得悟解甚深真實第一義故重明空性而說頌曰

我已於餘甚深經　廣說真空微妙法
令復於此經王內　略說空法不思議
於諸廣大甚深法　有情无智不能解
故我於斯重敷演　令於空法得開悟
大悲哀愍有情故　以善方便勝因緣
我今於此大衆中　演說令彼明空義

眼根常觀於色處　耳根聽聲不斷絕
鼻根恒齅於香境　舌根鎮嘗於美味
身根受於輕耎觸　意根了法不知厭
此等六根隨事起　各於自境生分別
識如幻化非真實　依止根處妄貪求
如人奔走空聚中　六識依根亦如是
心遍馳求隨處轉　託根緣境了諸事
常愛色聲香味觸　於法尋思无暫停
隨緣遍行於六根　如鳥飛空无障礙
籍此諸根作依處　方能了別於外境
此身无知无作者　體不堅固託緣成
皆從虛妄分別生　譬如機關由業轉
地水火風共成身　隨彼因緣招異果

地水火風共成身　隨彼因緣招異果
同在一處相違害　如四毒蛇居一篋
此四大蛇性各異　雖居一處有昇沉
或上或下遍於身　斯等終歸於滅法
於此四種毒蛇中　地水二蛇多沉下
風火二蛇性輕舉　由此乖違衆病生
心識依止於此身　造作種種善惡業
當往人天三惡趣　隨其業力受身形
遣諸疾病身死後　大小便利悉盈流
膿爛蟲蛆不可樂　棄在屍林如朽木
汝等當觀法如是　云何執有我衆生
一切諸法盡无常　悉從无明緣力起
彼諸大種咸虛妄　本非實有體无生

於一切時失正惠　故我說彼為无明
行識為緣有名色　六處及觸受隨生
愛取有緣生老死　憂悲苦惱恒隨逐
衆苦惡業常纏迫　生死輪迴无息時
本來非有體是空　由不如理生分別
我斷一切諸煩惱　常以正智現前行
了五蘊宅 皆空　求證菩提真實處
我開甘露大城門　示現甘露微妙器
既得甘露真實味　常以甘露施群生
我擊最勝大法鼓　我吹最勝大法螺
我然最勝大明燈　我降最勝大法雨
降伏煩惱諸惡結　建立无上大法幢
於生死海濟群迷　我當關閉三惡趣

於生死海濟群迷　我當關閉三惡趣
煩惱熾火燒衆生　无有救護无依止
清涼甘露充足彼　身心熱惱並皆除
由是我於无量劫　恭敬供養諸如來
堅持禁戒趣菩提　求證法身安樂處
施他眼耳及手足　妻子僮僕心无悋
財寶七珎莊嚴具　隨來求者咸供給
忍等諸度皆遍修　十地圓滿成正覺
故我得稱一切智　无有衆生度量者
假使三千大千界　盡此土地生長物
所有叢林諸樹木　稻麻竹葦及枝條
此等諸物皆伐取　並悉細末作微塵
隨處積集量難知　乃至充滿虛空界

[illegible]

假使一切衆生智　以此智慧與一人
如是智者量無邊　容可知彼微塵數
牟尼世尊一念智　令彼智人共度量
於多俱胝劫數中　不能筭知其少分
時諸大衆聞佛說此甚深空性有無量衆
生悉能了達四大五蘊體性俱空六根六
境妄生繫縛願捨輪迴正脩出離深心慶
喜如說奉行

金光明最勝王經依空滿願品第十

尒時如意寶光耀天女於大衆中聞說深法
歡喜踊躍從座而起偏袒右肩右膝著地合
掌恭敬白佛言世尊唯願爲說於甚深理脩
行之法而說頌言

行之法而說頌言
我聞照世間　兩足最勝尊　菩薩正行法　唯願慈聽許
佛言善女天　若有疑惑者　隨汝意所問　吾當分別說
是時天女請世尊曰
云何諸菩薩　行菩提正行　離生死涅槃　饒益自他故
佛告善女天依於法界行菩提法修平等行
云何依於法界行菩提法脩平等行謂於五
蘊能現法界法界即是五蘊五蘊不可說非
五蘊亦不可說何以故若法界是五蘊即是
斷見若離五蘊即是常見離於二相不著二
邊不可見過所見無名無相是則名為說於
法界善女天云何五蘊能現法界如是五蘊
不從因緣生何以故若從因緣生者為已生

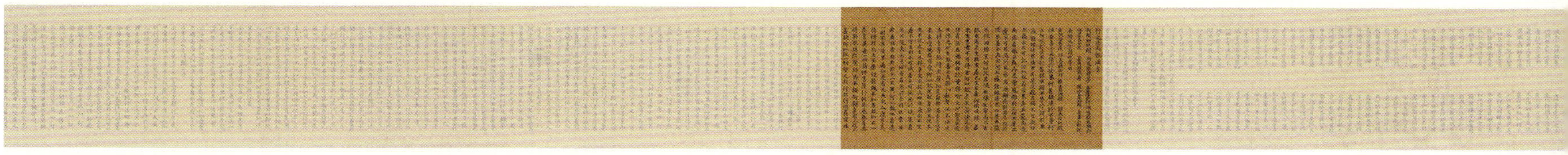

非有無名無相非校量譬喻之所能及非是
因緣之所生故善女天譬如鼓聲依木依皮
及桴手等故得出聲如是鼓聲過去亦空未
來亦空現在亦空何以故是鼓音聲不從木
生不從皮生及桴手生不於三世生是則不生
若不可生則不可滅若不可滅無所從來若
無所從來亦無所去若無所去則非常非
斷若非常非斷則不一不異何以故此若是
一則不異法界若如是者凡夫之人應見真
諦得於无上安樂涅槃既不如是故知不一
若言異者一切諸佛菩薩行相即是執著未
得解脱煩惱繫縛即不證阿耨多羅三藐三
菩提何以故一切聖人於行非行同真實性

菩提何以故一切聖人於行非行同真實性
是故不異故知五蘊非有非無不從因緣生
非無因緣生是聖所知非餘境故亦非言說
之所能及無名無相無因無緣亦無譬喻始
終寂靜本來自空是故五蘊能現法界善女
天善男子善女人欲求阿耨多羅三藐三
菩提異真異俗難可思量於凡聖境體非一
異不捨於俗不離於真依於法界行菩提行
尒時世尊作是語已時善女天踊躍歡喜即
從座起偏袒右肩右膝著地合掌恭敬一心
頂礼而白佛言世尊如上所說菩提正行我
今當學是時索訶世界主大梵天王於大衆
中問如意寶光耀善女天曰此菩提行難可

一切異生不解其義是聖境界微妙難知若
使我今依於此法得安樂住是實語者願令
一切五濁惡世无量无數无邊衆生皆得金
色卅二相非男非女坐寶蓮花受无量樂雨
天妙花諸天音樂不鼓自鳴一切供養皆悉
具足時善女天說是語已一切五濁惡世所
有衆生皆悉金色具大人相非男非女坐寶
蓮花受无量樂猶如他化自在天宮无諸惡
道寶樹行列七寶蓮花遍滿世界又雨七寶
上妙天花作天伎樂如意寶光耀善女天即
轉女身化梵天身時大梵王問如意寶光耀
菩薩言仁者如何行菩提行答言梵王若水
中月行菩提行我亦行菩提行若夢中行菩

中月行菩提行我亦行菩提行若夢中行菩
提行我亦行菩提行若陽焰行菩提行我亦
行菩提行若谷響行菩提行我亦行菩提行
時大梵王聞此說已白菩薩言仁依何義而
說此語答言梵王无有一法是實相者但由
因緣而得成故梵王言若如是者諸凡夫人
皆悉應得阿耨多三藐三菩提答言仁以
何意而作是說愚癡人異智慧人異菩提異
非菩提異解脫異非解脫異梵王如是諸法
平等无異於此法界真如不一不異无有中間
而可執着无增无减梵王譬如幻師及幻弟
子善解幻術於四衢道取諸沙土草木葉等
聚在一處作諸幻術使人覩見象衆馬衆車兵
[illegible]

我所見聞象馬等衆此是實有餘皆虛妄於
後更不審察思惟有智之人則不如是了於
幻本若見若聞作如是念如我所見象馬等
衆非是真實唯有幻事惑人眼目妄謂象等
及諸倉庫有名无實如我見聞不執為實
後時思惟知其虛妄是故智者了一切法皆無
實體但隨世俗如見如聞表宣其事思惟諦
理則不如是復由假說顯實義故梵王愚癡
異生未得出世聖慧之眼未知一切諸法真
如不可說故是諸凡愚若見若聞行非行法
如是思惟便生執著謂以為實於第一義不
能了知諸法真如是不可說是諸聖人若見若
聞行非行法隨其力能不生執著以為實有

聞行非行法隨其力能不生執着以為實有
了知一切無實行法无實非行法但妄思
量行非行相唯有名字无有實體是諸聖人
隨世俗說為欲令他知真實義如是梵王是
諸聖人以聖智見了法真如不可說故行非行
法亦復如是令他證知故說種種世俗名言
時大梵王問如意寶光耀菩薩言有衆
生能解如是甚深正法荅言梵王有衆幻人
心心數法能解如是甚深正法梵王曰此幻化
人體是非有此之心數從何而生荅曰若知法
界不有不無如是衆生能解深義
尒時梵王白佛言世尊是如意寶光耀菩薩
不可思議通達如是甚深之義佛言如是如

從座而起偏袒右肩合掌恭敬頂禮如意寶
光耀菩薩足作如是言希有希有我等今
日幸遇大士得聞正法
尒時世尊告梵王言是如意寶光耀於未來
世當得作佛号寶燄吉祥藏如來應正遍知
明行圓滿善逝世間解无上士調御丈夫天
人師佛世尊說是品時有三千億菩薩於阿
耨多羅三藐三菩提得不退轉八千億天子
无量无數國王臣民遠塵離垢得法眼淨
尒時會中有五十億苾芻行菩薩行欲退菩
提心聞如意寶光耀菩薩說是法時皆得堅固
不可思議滿足上願更復發起菩提之心各自
脫衣供養菩薩重發无上勝進之心作如是

脫衣供養菩薩重發无上勝進之心作如是
願願令我等功德善根悉皆不退迴向阿
耨多羅三藐三菩提梵王是諸苾蒭依此功
德如說修行過九十大劫當行觧悟出離生
死尒時世尊即爲授記汝諸苾蒭過世阿
僧祇劫當得作佛劫名難勝光王國名无垢
光同時皆得阿耨多羅三藐三菩提皆同一
号名願莊嚴閒飾王十号具足梵王是金光
明微妙經典若正聞持有大威力假使有人
於百千大劫行六波羅蜜无有方便若有善
男子善女人書寫如是金光明經半月半月
專心讀誦是功德聚於前功德百分不及一
乃至筭數辟喻所不能及梵王是故我今令

身命流通如是微妙經王受持讀誦為他解
說梵王辟如轉輪聖王若王在世七寶不滅王
若命終所有七寶自然滅盡梵王是金光明
微妙經王若現在世无上法寶悉皆不滅若
无是經隨處隱沒是故應當於此經王專心
聽聞受持讀誦為他解說勸令書寫行精進
波羅蜜不惜身命不憚疲勞功德中勝我諸
弟子應當如是精勤脩學
尒時大梵天王與无量梵衆帝釋四王及諸
藥叉俱從座起偏袒右肩右膝著地合掌恭
敬而白佛言世尊我等皆願守護流通是金
光明微妙經典及說法師若有諸難我當除
遣令具衆善色力充足辯才无礙身意泰然

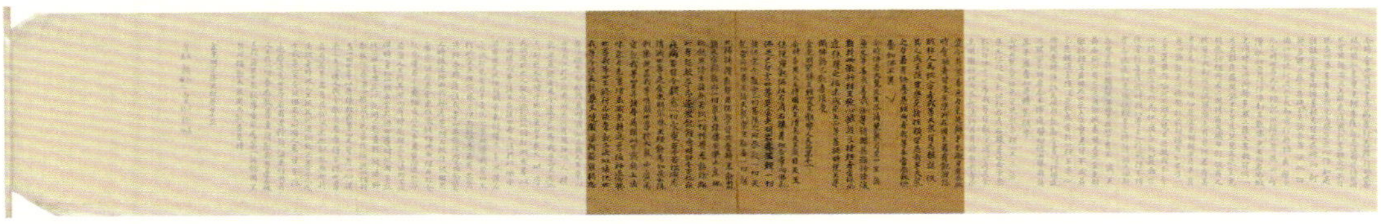

豈令其衆善色力充足辯才无礙身意泰然
時會聽者皆受安樂所在國土若有飢饉怨
賊非人為惱害者我等天衆皆為擁護 使
其人民安隱豐樂无諸枉横皆是我等天衆
之力若有供養是經典者我等亦當恭敬供
養如佛不異
尒時佛告大梵天王及諸梵衆乃至四王 諸
藥叉等善哉善哉汝等得聞甚深妙法復
能於此微妙經王發心擁護及持經者當獲无
邊殊勝之福速成无上正等菩提時梵王等
聞佛語已歡喜頂受
金光明最勝王經四天王觀察人天品第十一
尒時多聞天王持國天王增長天王廣目天王

諸佛常念觀察一切菩薩之所恭敬一切天
龍常所供養及諸天衆常生歡喜一切讚
世稱揚讚歎聲聞獨覺皆共受持悉能明照
諸天宮殿能與一切衆生殊勝安樂止息地
獄餓鬼傍生諸趣苦惱一切怖畏悉能除殄
所有怨敵尋即退散飢饉惡時能令豐稔疾
疫病苦皆令蠲愈一切災變百千苦惱咸悉
消滅世尊是金光明最勝王經能爲如是安隱
利樂饒益我等唯願世尊於大衆中廣爲
宣說我等四王并諸眷屬聞此甘露無上法
味氣力充實增益威光精進勇猛神通倍勝
世尊我等四王修行正法常說正法以法化世
我等令彼天龍藥叉健闥婆阿蘇羅揭路

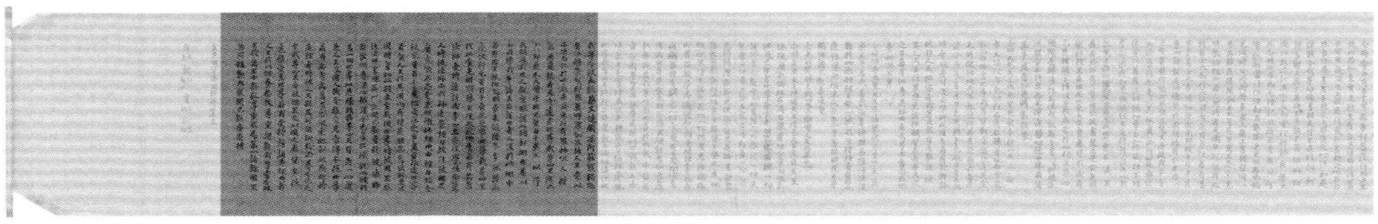

我等令彼天龍藥叉揵闥婆阿蘇羅揭路
荼俱槃荼緊那羅莫呼羅伽及諸人王常以
正法而化於世遮去諸惡所有鬼神吸人精
氣無慈悲者悉令遠去世尊我等四王與二
十八部藥叉大將并與无量百千藥叉以淨
天眼過於世人觀察擁護此贍部洲世尊以
此因緣我等諸王名護世者又復於此洲中
若有國王被他怨賊常來侵擾及多飢饉疾
疫流行无量百千災厄之事世尊我等四王
於此金光明最勝王經恭敬供養若有苾芻
法師受持讀誦我等四王共往覺悟勸請其
人時彼法師由我神通覺悟力故往彼國界
廣宣流布是金光明微妙經典由經力故令

國時當知此經亦至其國世尊時彼國王應
往法師處聽其所說聞已歡喜於彼法師
恭敬供養深心擁護令無憂惱演說此經利
益一切世尊以是緣故我等四王皆共一心護
是人王及國人民令離災患常得安隱世尊
若有苾芻苾芻尼鄔波索迦鄔波斯迦持
是經者時彼人王隨其所須供給供養令無乏
少我等四王令彼國王及以國人悉皆安隱
遠離災患世尊若有受持讀誦是經典者
人王於此供養恭敬尊重讚歎我等當令彼
王於諸王中恭敬尊重最為第一諸餘國王
共所稱歎大衆聞已歡喜受持

共所稱歎大衆聞已歡喜受持

金光明最勝王經卷第五

弃 盈益　齅 許救　窒 丁結　稔 甚任

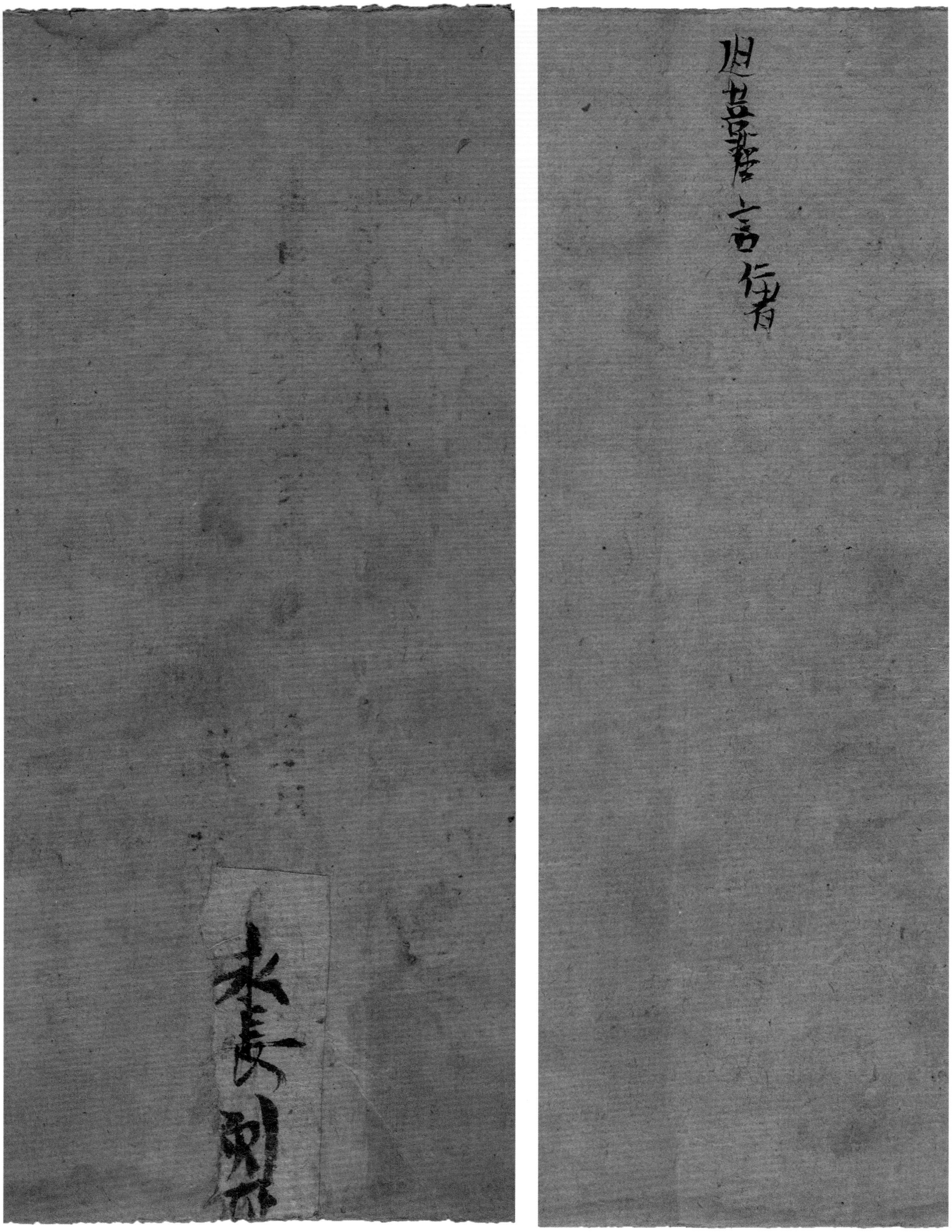

BD00234v-1　雜寫

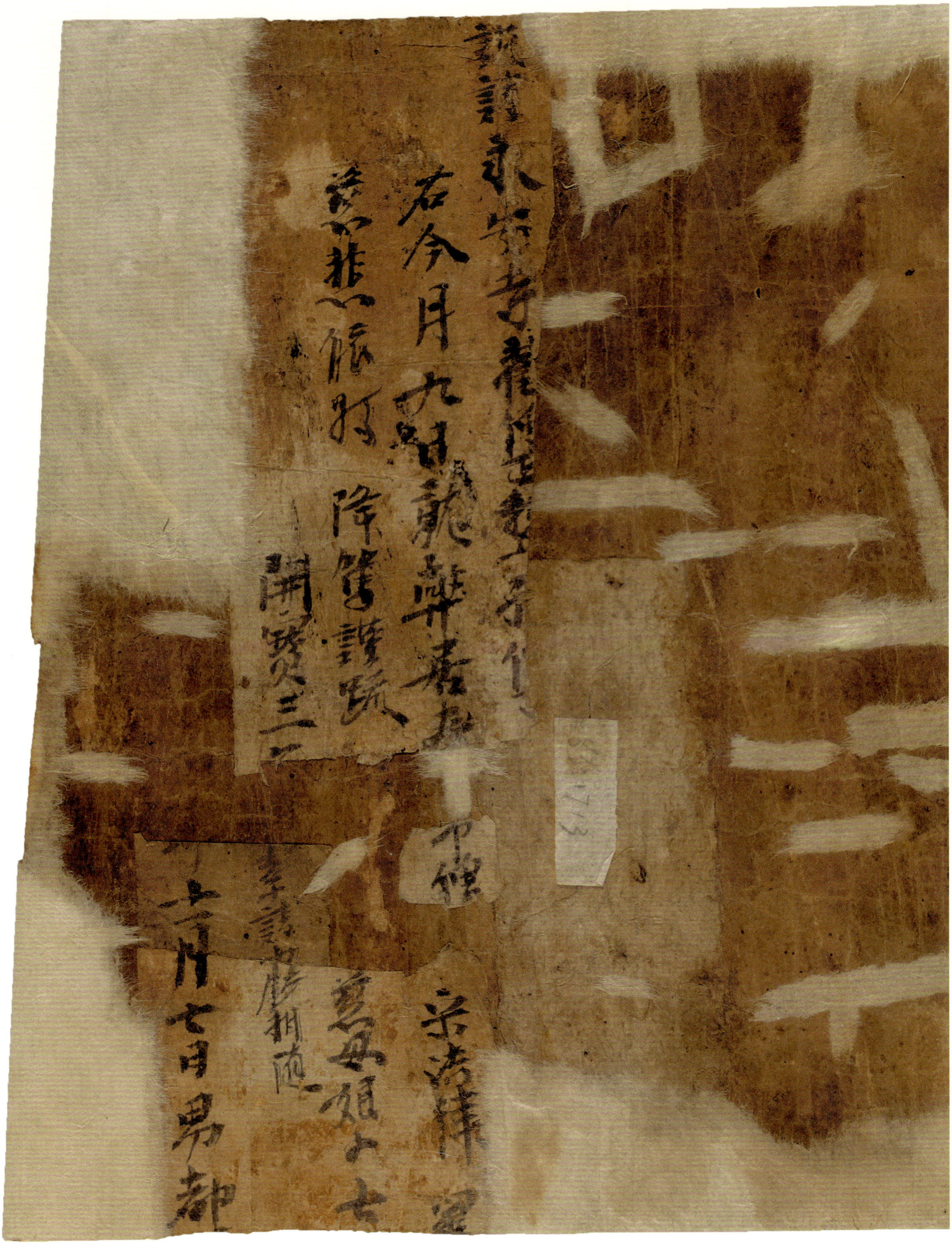
謹請永安寺翟僧正等
右今月九日就弊舍
慈悲依時 降駕 謹疏
開寶三年
十一月七日男都
慈母頭七
宋法律

BD00234v-2　開寶三年十一月七日爲母做七啓請永安寺翟僧正等疏（擬）

BD00235 維摩詰所說經卷中

（後秦）鳩摩羅什 譯

842cm × 26.7cm

尒時佛告文殊師利汝行詣維
師利白佛言世尊彼上人者難爲酬對深
相善說法要辯才无滯智慧无礙一切菩薩法
式悉知諸佛秘藏无不得入降伏衆魔遊戲神
通其慧方便皆已得度雖然當承佛聖旨詣彼
問疾於是衆中諸菩薩大弟子釋梵四天王咸作是
念今二大士文殊師利維摩詰共談必說妙法即時
八千菩薩五百聲聞百千天人皆欲隨從於是文
殊師利與諸菩薩大弟子衆及諸天人恭敬圍遶
入毗耶離大城
尒時長者維摩詰心念今文殊師利與大衆俱來
即以神力空其室內除去所有及諸侍者唯置一床
以疾而臥文殊師利既入其舍見其室空无諸所

巳更不來若去已更不去所以者何來者无所從
来去者无所至所可見者更不可見且置是事
居士是疾寧可忍不療治有損不至增乎世尊慇
懃致問无量居士是疾何所因起其生久如當云何
滅維摩詰言從癡有愛則我病生以一切衆生病
是故我病若一切衆生得離病者則我病滅所以
者何菩薩為衆生故入生死有生死則有病若衆
生得離病者則菩薩无復病譬如長者唯有一子
其子得病父母亦病若子病愈父母亦愈菩薩如
是於諸衆生愛之若子衆生病則菩薩病衆生
病愈菩薩亦愈又言是病何所因起菩薩疾者
以大悲起文殊師利言居士此室何以空无侍者維
摩詰言諸佛國土亦復皆空又問以何為空荅曰以
空空又問空何用空荅曰以空无分別空故空又

空空又問空何用空荅曰以空无分別空故空又
問空可分別耶荅曰分別亦空又問空當於何求荅
曰當於六十二見中求又問六十二見當於何求荅曰
當於諸佛解脫中求又問諸佛解脫當於何求
荅曰當於一切衆生心行中求又仁所問何无侍者
一切衆魔及諸外道皆吾侍也所以者何衆魔者
樂生死菩薩於生死而不捨外道者樂諸見菩
薩於諸見而不動文殊師利言居士所疾爲何等相維
摩詰言我病无形不可見又問此病身合耶心合耶
荅曰非身合身相離故亦非心合心如幻故又問地大
水大火大風大於四此大何大之病荅曰是病非地大
亦不離地大水火風大亦復如是而衆生病從四大
起以其有病是故我病
尒時文殊師利問維摩詰言菩薩應云何慰喻有

說身空寂不說畢竟寂滅說悔先罪而不說入於過
去以己之疾愍於彼疾當識宿世无數劫苦當念饒
益一切眾生憶所修福念於淨命勿生憂惱常起
精進當作醫王療治眾病菩薩應如是慰喻有疾
菩薩令其歡喜文殊師利言居士有疾菩薩云何
調伏其心維摩詰言有疾菩薩應作是念今我此
病皆從前世妄想顛倒諸煩惱生无有實法誰受
病者所以者何四大合故假名為身四大无主身亦
无我又此病起皆由著我是故於我不應生著既知
病本即除我想及眾生想當起法想應作是念今
但以眾法合成此身起唯法起滅唯法滅又此法者各
不相知起時不言我起滅時不言我滅彼有疾菩薩
為滅法相當作是念此法想者亦是顛倒顛倒者是
即大患我應離之云何為離離我我所云何離我

即大悲我應離之云何爲離離我我所云何離我
我所謂離二法云何離二法謂不念內外諸法行於
平等云何平等謂我等涅槃等所以者何我及涅
槃此二皆空以何爲空但以名字故空如此二法无決
定性得是平等无有餘病唯有空病空病亦空
是有疾菩薩以无所受而受諸受未具佛法亦不
滅受而取證也設身有苦念惡趣衆生起大悲心
我既調伏亦當調伏一切衆生但除其病而不除法
爲斷病本而教導之何謂病本謂有攀緣從有攀
緣則有病本何所攀緣謂之三界云何斷攀緣以
无所得若无所得則无攀緣何謂无所得謂二見
何謂二見謂內見外見是无所得文殊師利是爲有
疾菩薩調伏其心爲斷老病死苦是菩薩菩提若
不如是已所脩治爲无惠利譬如勝怨乃可爲勇如

觀時於諸衆生若起愛見大悲即應捨離所以者何
菩薩斷除客塵煩惱而起大悲愛見悲者則於生
死有疲厭心若能離此无有疲厭在在所生不爲
愛見之所覆也所生无縛能爲衆生說法解縛如佛
所說若自有縛能解彼縛无有是處若自无縛能
解彼縛斯有是處是故菩薩不應起縛何謂縛何謂
解貪着禪味是菩薩縛以方便生是菩薩解又无方
便慧縛有方便慧解无慧方便縛有慧方便解何
謂无方便慧縛謂菩薩以愛見心莊嚴佛土成就衆
生於空无相无作法中而自調伏是名无方便慧縛
何謂有方便慧解謂不以愛見心莊嚴佛土成就衆生
於空无相无作法中以自調伏而不疲厭是名有方便
縛謂菩薩住貪欲瞋恚邪見等諸煩惱而殖衆德本
是名无慧方便縛何謂有慧方便解謂離諸貪欲瞋

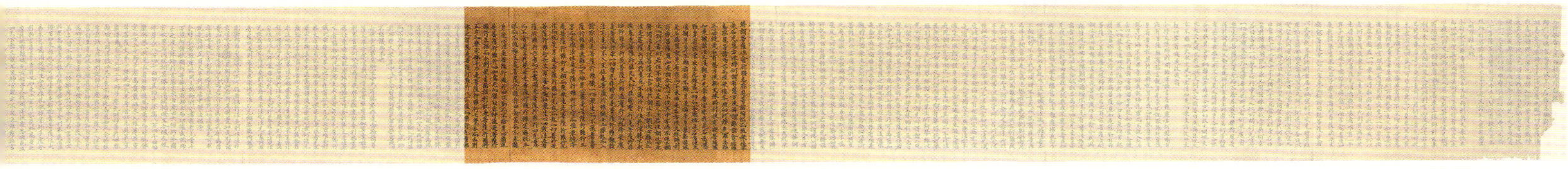

縛謂菩薩住貪欲瞋恚耶見等諸煩惱而殖衆德本
是名无慧方便縛何謂有慧方便解謂離諸貪欲瞋
恚耶見等諸煩惱而殖衆德本迴向阿耨多羅三藐
三菩提是名有慧方便解文殊師利彼有疾菩薩應
如是觀諸法又復觀身无常苦空非我是名為慧
雖身有疾常在生死饒益一切而不厭惓是名方便又
復觀身身不離病病不離身是病是身非新非故
是名為慧設身有疾而不永滅是名方便文殊師利
有疾菩薩應如是調伏其心不住其中亦復不住不調
伏心所以者何若住不調伏心是愚人法若住調伏心是
聲聞法是故菩薩不當住於調伏不調伏心離此二
法是菩薩行在於生死不為汙行住於涅槃不永
滅度是菩薩行非凡夫行非賢聖行是菩薩行非
垢行非淨行是菩薩行雖過魔行而現降衆魔

諸邪見是菩薩行雖攝一切衆生而不愛著是菩
薩行雖樂遠離而不依身心盡是菩薩行雖行三
界而不壞法性是菩薩行雖行於空而殖衆德本
是菩薩行雖行无相而度衆生是菩薩行雖行无
作而現受身是菩薩行雖行无起而起一切善行是
菩薩行雖行六波羅蜜而遍知衆生心心數法是菩
薩行雖行六通而不盡漏是菩薩行雖行四无量心
而不貪著生於梵世是菩薩行雖行禪定解脫三
昧而不隨禪生是菩薩行雖行四念處而不永離
身受心法是菩薩行雖行四正勤而不捨身心精進
是菩薩行雖行四如意足而得自在神通是菩薩行
雖行五根而分別衆生諸根利鈍是菩薩行雖行
五力而樂求佛十力是菩薩行雖行七覺分而分別
佛之智慧是菩薩行雖行八正道而樂行无量佛

佛之智慧是菩薩行雖行八正道而樂行无量佛
法是菩薩行雖行止觀助道之法而不畢竟墮於
寂滅是菩薩行雖行諸法不生不滅而以相好莊嚴
其身是菩薩行雖現聲聞辟支佛威儀而不捨佛
法是菩薩行雖隨諸法究竟淨相而隨所應為現
其身是菩薩行雖觀諸佛國土永寂如空而現種種
清淨佛土是菩薩行雖得佛道轉于法輪入於涅槃
而不捨於菩薩之道是菩薩行說是語時文殊師
利所將大衆其中八千天子皆發阿耨多羅三藐三菩提心

不思議品第六

尒時舍利弗見此室中无有牀座作是念斯諸菩
薩大弟子衆當於何坐長者維摩詰知其意語舍
利弗言云何仁者為法來耶求牀座耶舍利弗言我
為法來非為牀座維摩詰言唯舍利弗夫求法者

弗夫求法者不著佛求不著衆求夫求法者无見
苦求无斷集求无造盡證脩道之求所以者何法无
戲論若言我當見苦斷集證滅脩道是則戲論非
求法也唯舍利弗法名寂滅若行生滅是求生滅非
求法也法名无染若染於法乃至涅槃是則染著非
求法也法无行處若行於法是則行處非求法也法
无取捨若取捨法是則取捨非求法也法无處所若
著處所是則著處非求法也法名无相若隨相識是
則求相非求法也法不可住若住於法是則住法非
求法也法不可見聞覺知若行見聞覺知是則見聞
覺知非求法也法名无爲若行有爲是求有爲非
求法也是故舍利弗若求法者於一切法應无所求
說是語時五百天子於諸法中得法眼淨
尒時長者維摩詰問文殊師利仁者遊於无量千

尒時長者維摩詰問文殊師利仁者遊於无量千
万億阿僧祇國何等佛土有好上妙功德成就師
子之座文殊師利言居士東方度卅六恒河沙國
有世界名須弥相其佛号須弥相燈王今現在彼
佛身長八万四千由旬其師子座高八万四千由旬
嚴飾第一於是長者維摩詰現神通力即時彼佛
遣三万二千師子座高廣嚴好來入維摩詰室
諸菩薩大弟子釋梵四天王等昔所未見其室
廣博悉皆苞容三万二千師子座无所妨㝵於毗耶
離城及閻浮提四天下亦不迫迮悉見如故尒時維
摩詰語文殊師利就師子座與諸菩薩上人俱坐
當自立身如彼坐像其得神通菩薩即自變身
為四万二千由旬坐師子座諸新發意菩薩及大
弟子皆不能昇尒時維摩詰語舍利弗言居士

弟子即為須弥燈王如来作礼便得坐師子座舍
利弗言居士未曾有也如是小室乃容受此高廣之
座於毗耶離城无所妨㝵又於閻浮提聚落城邑及
四天下諸天龍王鬼神宫殿亦不迫迮維摩詰言
唯舍利弗諸佛菩薩有解脫名不可思議若菩薩
住是解脫者以須弥之高廣内芥子中无所增减須弥
山王本相如故而四天王忉利諸天不覺不知己之所
入唯應度者乃見須弥入芥子中是名不可思議解脫法
門又以四大海水入一毛孔不嬈魚鼈黿鼉水性之属
而彼大海本相如故諸龍鬼神阿脩羅等不覺不知己
之所入於此衆生亦无所嬈又舍利弗住不可思議解
脫菩薩斷取三千大千世界如陶家輪著右掌中擲
過恒河沙世界之外其中衆生不覺不知己之所往又
復還置本處都不使人有往来想而此世界本相如

復還置本處都不使人有往來想而此世界本相如
故又舍利弗或有衆生樂久住世而可度者菩薩即
演七日以為一劫令彼衆生謂之一劫或有衆生不樂
久住而可度者菩薩即促一劫以為七日令彼衆生謂
之七日又舍利弗住不可思議解脫菩薩以一切佛土嚴
飾之事集在一國示於衆生又菩薩以一佛土衆生置
之右掌飛到十方遍示一切而不動本處又舍利弗十
方衆生供養諸佛之具菩薩於一毛孔皆令得見又
十方國土所有日月星宿於一毛孔普使見之又舍
利弗十方世界所有諸風菩薩悉能吸著口中而身
无損外諸樹木亦不摧折又十方世界劫盡燒時以一
切火內於腹中火事如故而不為害又於下方過恒河
沙等諸佛世界取一佛土舉著上方過恒河沙无數
世界如持針鋒舉一棗葉而无所嬈又舍利弗住不

主身或現轉輪王身又十方世界所有衆聲上中下
音皆能變之令作佛聲演出无常苦空无我之音
及十方諸佛所説種種之法皆於其中普令得聞舍
利弗我今略説菩薩不可思議解脱之力若廣説者
窮劫不盡是時大迦葉聞説菩薩不可思議解脱
法門歎未曾有謂舍利弗譬如有人於盲者前現衆
色像非彼所見一切聲聞聞是不可思議解脱法門
不能解了爲若此也智者聞是其誰不發阿耨多
羅三藐三菩提心我等何爲永絶其根於此大乘已
如敗種一切聲聞聞是不可思議解脱法門皆應號
泣聲震三千大千世界一切菩薩應大欣慶頂受此
法若有菩薩信解不可思議解脱門者一切魔衆
无如之何大迦葉説是語時三万二千天子皆發阿
耨多羅三藐三菩提心尒時維摩詰語大迦葉仁者

耨多羅三藐三菩提心尒時維摩詰語大迦葉仁者
十方无量阿僧祇世界中作魔王者多是住不可思
議解脫菩薩以方便力教化衆生現作魔王又迦葉
十方无量菩薩或有人從乞手足耳鼻頭目髓腦血肉
皮骨聚落城邑妻子奴婢象馬車乘金銀瑠璃車𤦲
馬瑙珊瑚虎珀真珠珂貝衣服飲食如此乞者多是
住不可思議解脫菩薩以方便力而往試之令其堅
固所以者何住不可思議解脫菩薩有威德力故行
逼迫示諸衆生如是難事凡夫下劣无有力勢不能如
是逼迫菩薩譬如龍象蹴蹹非驢所堪是名住不可思
議解脫菩薩智慧方便之門

觀衆生品第七

尒時文殊師利問維摩詰言菩薩云何觀衆生維摩
詰言譬如幻師見所幻人菩薩觀衆生爲若此如智者

如第六陰如第七情如十三入如十九界菩薩觀衆生
爲若此如无色界色如燋穀牙如須陁洹身見如阿那
含入胎如阿羅漢三毒如得忍菩薩貪恚毀禁如佛
煩惱習如盲者見色如入滅盡定出入息如空中鳥跡
如石女兒如化人煩惱如夢所見已悟如滅度者受身
如无烟之火菩薩觀衆生爲若此也文殊師利言若
菩薩作是觀者云何行慈維摩詰言菩薩作是觀
已自念我當爲衆生説如斯法是即眞實慈也行寂
滅慈无所生故行不熱慈无煩惱故行等之慈等
三世故行无諍慈无所起故行不二慈内外不合故行
不壞慈畢竟盡故行堅固慈心无毀故行清淨慈
諸法性淨故行无邊慈如虛空故行阿羅漢慈破
結賊故行菩薩慈安衆生故行如來慈得如相故行
佛之慈覺衆生故行自然慈无因得故行菩提慈

佛之慈覺衆生故行自然慈无因得故行菩提慈
等一味故行无等慈斷諸愛故行大悲慈導以大
乘故行无猒慈觀空无我故行法施慈无遺惜故行
持戒慈化毀禁故行忍辱慈護彼我故行精進慈荷
負衆生故行禪定慈不受味故行智慧慈无不知
時故行方便慈一切示現故行无隱慈直心清淨故行
深心慈无雜行故行无誑慈不虛假故行安樂慈令
得佛樂故菩薩之慈為若此也文殊師利又問何謂為
悲答曰菩薩所作功德皆與一切衆生共之何謂為喜
答曰有所饒益歡喜无悔何謂為捨答曰所作福祐无
所希望文殊師利又問生死有畏菩薩當何所依維
摩詰言菩薩於生死畏中當依如來功德之力文殊
師利又問菩薩欲依如來功德之力當於何住答曰菩
薩欲依如來功德力者當住度脫一切衆生又問欲度

[illegible]
念荅曰當行不生不滅又問何法不生何法不滅
荅曰不善不生善法不滅又問善不善孰為本荅
曰身為本又問身孰為本荅曰欲貪為本又問欲貪
孰為本荅曰虛妄分別為本又問虛妄分別孰為
本荅曰顛倒想為本又問顛倒想孰為本荅曰无住
為本又問无住孰為本荅曰无住則無本文殊師利
從无住本立一切法
時維摩詰室有一天女見諸大人聞所說法便現其
身即以天花散諸菩薩大弟子上花至諸菩薩即
皆墮落至大弟子便著不墮一切弟子神力去花
不能令去尒時天問舍利弗何故去花荅曰此花不
如法是以去之天曰勿謂此花為不如法所以者何是
花无所分別仁者自生分別想耳若於佛法出家有
所分別為不如法若无所分別是則如法觀諸菩薩花

所分別為不如法若无所分別是則如法觀諸菩薩花
不著者以斷一切分別想故譬如人畏時非人得其便
如是弟子畏生死故色聲香味觸得其便已離畏
者一切五欲无能為也結習未盡花著身耳結習盡
者花不著也舍利弗言天止此室其已久如答曰我
止此室如耆年解脫舍利弗言止此久耶天曰耆年
解脫亦何如久舍利弗默然不答天曰如何耆舊大智
而默答曰解脫者所无言說故吾於是不知所云天曰言說文
字皆解脫相所以者何解脫者不內不外不在兩間文
字亦不內不外不在兩間是故舍利弗无離文字
說解脫也所以者何一切諸法皆解脫相舍利弗言不
復以離婬怒癡為解脫乎天曰佛為增上慢人說離
婬怒癡為解脫耳若无增上慢者佛說婬怒癡性即
是解脫舍利弗言善哉善哉天女汝何所得以何為證

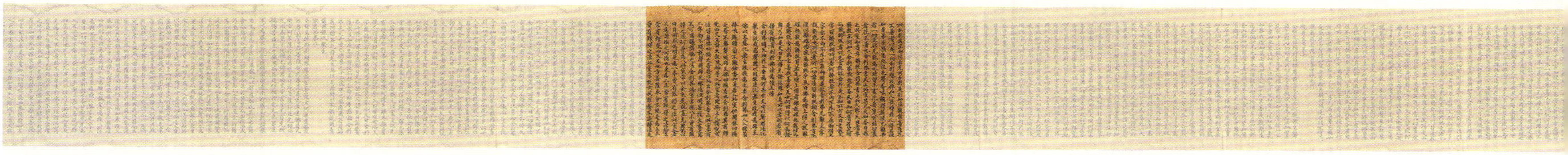

舍利弗問天汝於三乘爲何志求天曰以聲聞法化
衆生故我爲聲聞以因緣法化衆生故我爲辟支
佛以大悲化衆生故我爲大乘舍利弗如人入瞻蔔
林唯齅瞻蔔不齅餘香如是若入此室但聞佛功德
之香不樂聲聞辟支佛功德香也舍利弗其有釋
梵四天王諸天龍鬼神等入此室者聞斯上人講說正
法皆樂佛功德之香發心而出舍利弗吾止此室十有
二年初不聞說聲聞辟支佛法但聞菩薩大慈大悲
不可思議諸佛之法舍利弗此室常現八未曾有難
得之法何等爲八此室常以金色光照晝夜无異不以
日月所照爲明是爲一未曾有難得之法此室入者
不爲諸垢之所惱也是爲二未曾有難得之法此室
常有釋梵四天王他方菩薩來會不絕是爲三未
曾有難得之法此室常說六波羅蜜不退轉法是

曾有難得之法此室常說六波羅蜜不退轉法是
為四未曾有難得之法此室常作天人第一之樂絃
出无量法化之聲是為五未曾有難得之法此室
有四大藏衆寶積滿周窮濟乏求得无盡是為
為六未曾有難得之法此室釋迦牟尼佛阿彌陁
佛阿閦佛寶德寶焰寶月寶嚴難勝師子響
一切利成如是等十方无量諸佛是人念時即皆為
來廣說諸佛秘要法藏說已還去是為七未曾有
難得之法此室一切諸天嚴飾宮殿諸佛淨土皆於
中現是為八未曾有難得之法舍利弗此室常現八
未曾有難得之法誰有見斯不思議事而復樂於
聲聞法乎舍利弗言汝何以不轉女身天曰我從
十二年來求女人相了不可得當何所轉譬如幻師
化作幻女若有人問何以不轉女身是人為正問不

女以神通力變舍利弗令如天女天自化身如舍利弗
而問言何以不轉女身舍利弗以天女像而荅言我
今不知何轉而變為女身天曰舍利弗若能轉此女身
則一切女人亦當能轉如舍利弗非女而現女身一切女
人亦復如是雖現女身而非女也是故佛說一切諸法
非男非女即時天女還攝神力舍利弗身還復如故
天問舍利弗女身色相今何所在舍利弗言女身色
相无在无不在天曰一切諸法亦復如是无在无不在
夫无在无不在者佛所說也舍利弗問天汝於此沒
當生何所天曰佛化所生吾如彼生曰佛化所生非
沒生也天曰衆生猶然无沒生也舍利弗問天汝久
如當得阿耨多羅三藐三菩提天曰如舍利弗還
為凡夫我乃當成阿耨多羅三藐三菩提舍利弗
言我作凡夫无有是處天曰我得阿耨多羅三藐

言我作凡夫无有是處天曰我得阿耨多羅三藐
三菩提亦无是處所以者何菩提无住處是故无
有得者舍利弗言今諸佛得阿耨多羅三藐三菩
提已得當得如恒河沙皆謂何乎天曰皆以世俗文
字數故說有三世非謂菩提有去来今天曰舍利
弗汝得阿羅漢道耶曰无所得故而得天曰諸佛菩
薩亦復如是无所得故而得尒時維摩詰語舍利
弗是天女曾已供養九十二億佛已能遊戲菩薩神
通所願具足得无生忍住不退轉以本願故隨意
能現教化衆生

佛道品第八

尒時文殊師利問維摩詰言菩薩云何通達佛道
維摩詰言若菩薩行於非道是爲通達佛道又
問云何菩薩行於非道荅曰若菩薩行五无間而

不以為勝亦行貪欲離諸染著亦行瞋恚於諸衆
生无有恚㝵亦行愚癡而以智慧調伏其心亦行慳
貪而捨內外所有不惜身命亦行毀禁而安住淨戒
乃至小罪猶懷大懼亦行瞋恚而常慈忍亦行懈
怠而懃脩功德亦行亂意而常念定亦行愚癡而
通達世間出世間慧亦行諂偽而善方便隨諸經義
亦行憍慢而於衆生猶如橋梁亦行諸煩惱而心常
清淨亦入於魔而順佛智慧不隨他教亦入聲聞而為
衆生說未聞法亦入辟支佛而成就大悲教化衆生
亦入貧窮而有寶手功德无盡亦入形殘而具諸相好
以自莊嚴亦入下賤而生佛種姓中具諸功德亦入羸
劣醜陋而得那羅延身一切衆生之所樂見亦入老
病而永斷病根超越死畏亦有資生而恒觀无常
實无所貪亦有妻妾婇女而常遠離五欲淤泥現

病而永斷病根超越死畏亦有資生而恒觀无常
實无所貪亦有妻妾婇女而常遠離五欲淤泥現
於訥鈍而成就辯才揔持无失亦入邪濟而以正濟
度諸衆生現遍入諸道而斷其因緣現於涅槃而不
斷生死文殊師利菩薩能如是行於非道是爲通達
佛道於是維摩詰問文殊師利何等爲如來種文
殊師利言有身爲種无明有愛爲種貪恚癡爲種
四顛倒爲種五蓋爲種六入爲種七識處爲種八邪法
爲種九惱處爲種十不善道爲種以要言之六十二
見及一切煩惱皆是佛種曰何謂也答曰若見无爲
入正位者不能復發阿耨多羅三藐三菩提心譬
如高原陸地不生蓮花卑濕淤泥乃生此花如是見
无爲法入正位者終不復能生於佛法煩惱泥中乃
有衆生起佛法耳又如殖種於空終不得生糞壤

心生佛法矣是故當知一切煩惱爲如來種譬如不
入巨海不能得无價寶珠如是不入煩惱大海則不能
生一切智寶
尒時大迦葉歎言善哉善哉文殊師利快說此語誠
如所言塵勞之疇爲如來種我等今者不復堪
任發阿耨多羅三藐三菩提心乃至五无間罪猶
能發意生於佛法而今我等永不能發譬如根
敗之士其於五欲不能復利如是聲聞諸結斷者
於佛法中无所復益永不志願是故文殊師利凡
夫於佛法有反復而聲聞无也所以者何凡夫聞
佛法能起无上道心不斷三寶正使聲聞終身聞佛
法力无畏等永不能發无上道意尒時會中有菩
薩名普現色身問維摩詰言居士父母妻子親戚
眷屬吏民知識悉爲是誰奴婢僮僕象馬車乘皆

眷屬吏民知識悉爲是誰奴婢僮僕象馬車乘皆
何所在於是維摩詰以偈荅曰
智度菩薩母 方便以爲父 一切衆導師 无不由是生
法喜以爲妻 慈悲心爲女 善心誠實男 畢竟空寂舍
弟子衆塵勞 隨意之所轉 道品善知識 由是成正覺
諸度法等侶 四攝爲伎女 歌詠誦法言 以此爲音樂
揔持之園苑 无漏法林樹 覺意淨妙花 解脫智慧果
八解之浴池 定水湛然滿 布以七淨花 浴此无垢人
象馬五通馳 大乘以爲車 調御以一心 遊於八正路
相具以嚴容 衆好飾其姿 慙愧之上服 深心爲花鬘
富有七財寶 教授以滋息 如所說修行 迴向爲大利
四禪爲牀座 從於淨命生 多聞增智慧 以爲自覺音
甘露法食之 解脫味爲漿 淨心以澡浴 戒品爲塗香
摧滅煩惱賊 勇健无能踰 降伏四種魔 勝幡建道場

雖知諸佛國 及與衆生空 而常脩淨土 教化於群生
諸有衆生類 形聲及威儀 无畏力菩薩 一時能盡現
覺知衆魔事 而示隨其行 以善方便力 隨意皆能現
或示老病死 成就諸群生 了知如幻化 通達无有㝵
或現劫盡燒 天地皆洞然 衆人有常想 照令知无常
无數億衆生 俱來請菩薩 一時到其舍 化令向佛道
經書禁呪術 工巧諸伎藝 盡現行此事 饒益諸群生
世間衆道法 悉於中出家 因以解人惑 而不墮邪見
或作日月天 梵王世界主 或時作地水 或復作風火
劫中有疾疫 現作諸藥草 若有服之者 除病消衆毒
劫中有飢饉 現作身飲食 先救彼飢渴 却以法語人
劫中有刀兵 爲之起慈悲 化彼諸衆生 令住无諍地
若有大戰陣 立之以等力 菩薩現威勢 降伏使和安
一切國土中 諸有地獄處 輙往到于彼 勉濟諸苦難

一切國土中　諸有地獄處　輒往到于彼　勉濟諸苦難
一切國土中　畜生相食噉　皆現生於彼　為之作利益
示受於五欲　亦復現行禪　令魔心憒亂　不能得其便
火中生蓮花　是可謂希有　在欲而行禪　希有亦如是
或現作婬女　引諸好色者　先以欲鉤牽　後令入佛智
或為邑中主　或作商人導　國師及大臣　以祐利衆生
諸有貧窮者　現為无盡藏　因以勸導之　令發菩提心
我心憍慢者　為現大力士　消伏諸貢高　令住佛上道
其有恐懼衆　居前而安慰　先施以无畏　後令發道心
或現離婬欲　為五通仙人　開導諸群生　令住戒忍慈
見須供事者　現為作僮僕　既悅可其意　乃發以道心
隨彼之所須　得入於佛道　以善方便力　皆能給足之
如是道无量　所行无有涯　智慧无邊際　度脫无數衆
假令一切佛　於无數億劫　讚歎其功德　猶尚不能盡

入不二法門品第九

尒時維摩詰謂衆菩薩言諸仁者云何菩薩入不二
法門各隨所樂說之會中有菩薩名法自在說言
諸仁者生滅為二法本不生今則无滅得此无生法
忍是為入不二法門
德首菩薩曰我我所為二因有我故便有我所若无
有我則无我所是為入不二法門
不瞬菩薩曰受不受為二若法不受則不可得以不
可得故无取无捨无作无行是為入不二法門
德頂菩薩曰垢淨為二見垢實性則无淨相順於滅
相是為入不二法門
善宿菩薩曰是動是念為二不動則无念无念則无
分別通達此者是為入不二法門
善眼菩薩曰一相无相為二若知一相即是无相亦
不取无相入於平等是為入不二法門

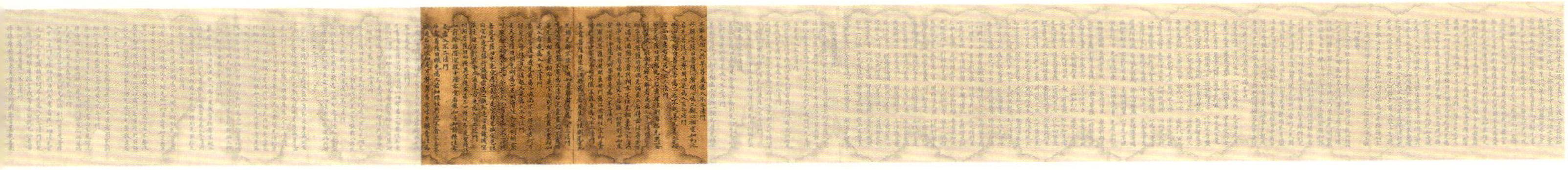

不取无相入於平等是為入不二法門
妙臂菩薩曰菩薩心聲聞心為二觀心相空如幻化
者无菩薩心无聲聞心是為入不二法門
弗沙菩薩曰善不善為二若不起善不善入无相
際而通達者是為入不二法門
師子菩薩曰罪福為二若達罪性則與福无異以金
剛慧決了此相无縛无解者是為入不二法門
師子意菩薩曰有漏无漏為二若得諸法等則不
起漏不漏想不著於相亦不住无相是為入不二法門
解淨菩薩曰有為无為為二若離一切數則心如虛
空以清淨慧无所㝵者是為入不二法門
那羅延菩薩曰世間出世間為二世間性空即是出
間於其中不入不出不溢不散是為入不二法門
善意菩薩曰生死涅槃為二若見生死性則无生死

是无盡相无盡相即是空空則无有盡不盡相如
是入者是為入不二法門
善首菩薩曰我无我為二我尚不可得非我何可
得見我實性者不復起二是為入不二法門
電天菩薩曰明无明為二无明實性即是明明亦
可取離一切數於其中平等无二者是為入不二法門
喜見菩薩曰色色空為二色即是空非色滅空色性
自空如是受想行識識空為二識即是空非識滅空
識性自空於其中而通達者是為入不二法門
明相菩薩曰四種異空種異為二四種性即是空種性
如前際後際空故中際亦空若能如是知諸種性者
是為入不二法門
妙意菩薩曰眼色為二若知眼性於色不貪不恚不
癡是名寂滅如是耳聲鼻香舌味身觸意法為

癡是名寂滅如是耳聲鼻香舌味身觸意法爲
二若知意性於法不貪不恚不癡是名寂滅安住
其中是爲入不二法門
无盡意菩薩曰布施迴向一切智爲二布施性即是
迴向一切智性如是持戒忍辱精進禪定智慧迴
向一切智爲二智慧性即是迴向一切智性於其中入
一相者是爲入不二法門
深慧菩薩曰是空是无相是无作爲二空即无相无
相即是无作若空无相无作則无心意識於一解脫
門即是三解脫門者是爲入不二法門
寂根菩薩曰佛法衆爲二佛即是法法即是衆是
三寶皆无爲相與虛空等一切法亦尒能隨此行者
是爲入不二法門
心无㝵菩薩曰身身滅爲二身即是身滅所者

上善菩薩曰身口意善為二是三業皆无作相身
无相即口无作相口无作相即意无作相是三業无
作相即一切法无作相能如是隨无作慧者是為
入不二法門
福田菩薩曰福行罪行不動行為二三行實性性
即是空空則无福行无罪行无不動行於此三行
而不起者是為入不二法門
華嚴菩薩曰從我起二為二見我實相者不起二
法若不住二法則无有識无所識者是為入不二法門
德藏菩薩曰有所得相為二若无所得則无取捨无
取捨者是為入不二法門
月上菩薩曰闇與明為二无闇无明則无有二所
以者何如滅受想定无闇无明一切法亦復如是於其
中平等入者是為入不二法門
寶印手菩薩曰樂涅槃不樂世間為二若不樂涅槃

中平等入者是為入不二法門
寶印手菩薩曰樂涅槃不樂世間為二若不樂涅
槃不猒世間則无有二所以者何若有縛則有解
若本无解其誰求解无縛无解則无樂猒是為
入不二法門
珠頂王菩薩曰正道邪道為二住正道者則不分別
離此是邪是正離此二者是為入不二法門
樂實菩薩曰實不實為二實見者尚不見何況
非實所以者何非肉眼所見慧眼乃能見而此慧眼
无見无不見是為入不二法門
如是諸菩薩各各說已問文殊師利何等是菩薩
入不二法門文殊師利曰如我意者於一切法无言
无說无示无識離諸問答是為入不二法門於是
文殊師利問維摩詰言我等各自說已仁者當

乃至无有文字語言是真入不二法門說是入不

二法門時於此衆中五千菩薩皆入不二法門得

无生法門

維摩詰經卷中

BD00236

勝天王般若波羅蜜經卷一

（南朝陳）月婆首那　譯

398.9cm×26cm

大夢幻化无二无別自性離故菩
薩摩訶薩學般若波羅蜜雖懃持戒不求生
人若作人王不求生天若作天王身離三失
无口四過意免三愆如此持戒不見我能持
不見戒相无二无別自性離故是名菩薩摩
訶薩學般若波羅蜜通達尸羅波羅蜜大王
菩薩摩訶薩學般若波羅蜜行羼提波羅蜜
菩薩摩訶薩於其內心常能生忍憂悲苦惱
皆悉不隨無學學外忍若他打罵終不生瞋亦
學法忍如世尊說甚深實性无人无法不生
寂靜即是涅槃聞如此說心不驚怖作是思
惟不學是法云何能得阿耨多羅三藐三菩

見能滅及所滅法如是忍心相續不斷於六
時中无有間隟不擇境界父母國王我則須
忍餘可以滅即便加惡菩薩行忍不爲報恩
名利仁義慚恥怖畏菩薩摩訶薩法應行忍
若人加害檛打罵辱心不傾動菩薩摩訶薩
若作國王王等有貪賊人罵詈恥辱不示威
形云我是王法應治罰即作是念我於往昔
諸世尊前發大誓願一切衆生我皆濟拔令
得阿耨多羅三藐三菩提今若起瞋則違本
誓譬如良醫發如是誓世間盲瞎我悉治愈
若自失明豈療他疾如是菩薩爲除衆生无
明黑暗自起瞋恚安能救彼不見我能忍不
見可忍无二无別自性離故是名菩薩摩訶

見可忍无二无別自性離故是名菩薩摩訶
薩學般若波羅蜜通達羼提波羅蜜大王菩
薩摩訶薩學般若波羅蜜行毗梨耶波羅蜜
未滅令滅未度令度未脫令脫未安令安未
覺令覺菩薩如是行精進時有諸惡魔爲作
留難謂菩薩言善男子莫循此法空受懃苦
何以故我往昔時曾循此法未滅令滅未度
令度未脫令脫未安令安未覺令覺空受懃
苦都无實利我從昔来多見菩薩循學此行
並皆退轉汝可迴心以取聲聞辟支佛乘而
自滅度菩薩摩訶薩即便覺知告言惡魔汝
復道去我心如金剛非汝能壞汝若作鄣礙
自得長夜苦魔即不現若餘菩薩循五波羅

[illegible]
菩薩摩訶薩行般若波羅蜜成就佛法衆
惡悉離雖行精進不疾不遲而發大願使我
得身與世尊等眉間白豪項上肉髻佛轉法
輪我亦如是譬如真金衆寶瑩餝則爲嚴淨
菩薩精進亦復如是遠離垢穢所謂嬾惰懈
怠疲極不自覺知不正思惟離此垢穢即獲
清淨智慧功德而共莊嚴身不疲勞心无猒
怠鄣道惡法一切不善皆悉滅除其有助道
向涅槃法悉令增長少惡不起何況其多假
使十方恒沙世界滿中大火如阿鼻獄此世
界外有一衆生可度脫者菩薩摩訶薩能從
中過況多衆生不作是念无上菩提不易可
得菩薩循行如救頭燃百千万劫如此重擔

BD00236　勝天王般若波羅蜜經卷一

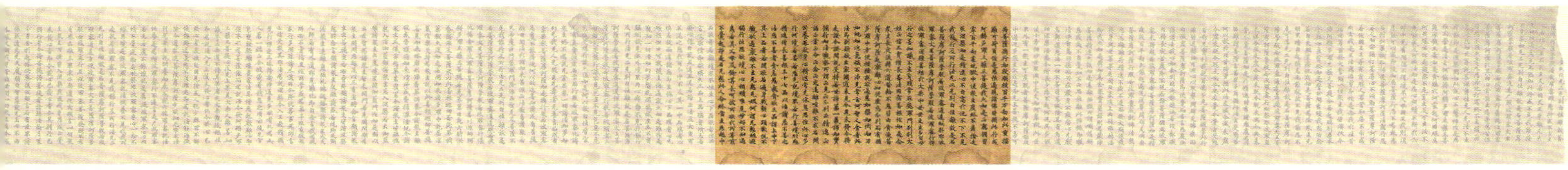

得菩薩循行如救頭燃百千万劫如此重擔
難可荷負作是思惟過現諸佛皆循此行成
阿耨多羅三藐三菩提我亦如是正應循習
寧百千劫處地獄中使衆生度終不棄捨速
取涅槃如是精進心不自高於他不下不見
我能行及所行法无二无別自性離故是名
菩薩摩訶薩學般若波羅蜜通達毗梨耶波
羅蜜大王菩薩摩訶薩學般若波羅蜜行禪
波羅蜜深種善根於大乘中世世生生多習妙
行近善知識不生貧賤常在婆羅門刹利大
姓正信三寶增長善法因宿善根作如是念
衆生長夜流轉六道苦輪不息皆由貪愛菩
薩摩訶薩起厭離心知從虛忘分別而有循

法即剃鬚髮出家脩道未見令見未得令得
未證令證聞説受持若世諦第一義諦如實
脩行如法觀察所謂正見正分別正精進正
語正業正命正念正定遠離喧雜不求名聞
供養恭敬身心精進常无休息思惟此心多
行何境若善若惡无記境界若行善境則懃
精進增長善根三十七品以治諸惡不善之
法惡不善者貪恚愚癡貪欲三品謂上中下
其上品者若聞欲名遍身戰動心踊歡悦不
觀欲過厭離不生无慙无愧何謂无慙縱遊
獨行恒思欲境心心相續唯見妙好不知過
患若其父母及餘尊長呵彼所欲於所尊前
不覺起諍是名无愧此人命終當生惡趣中

BD00236　勝天王般若波羅蜜經卷一

不覺起諍是名无慙此人命終當生悪趣中
品欲者若離境界不恒生心下品欲者但共
言咲欲情即歇瞋亦三品上品瞋者憤恚若
發心慍目亂或造五逆若謗正法及大重罪
五逆之悪於百分中不及其一中品瞋者以
瞋恚故而造諸悪即生悔心下品瞋者心无
嫉恨但口呵毀隨生悔過癡亦如是雖作是
觀知一切法如幻夢乾闥婆城虛妄不實
顛倒故見滅外境界内心寂静不見我能行
及所行法无二无別自性離故是名菩薩摩
訶薩學般若波羅蜜通達禪波羅蜜大王菩
薩摩訶薩學般若波羅蜜行般若波羅蜜正
智觀色受想行識不見色生不見色集不見

衆生終不爲說无業果報一切諸法如夢如
幻无我无人无衆生无壽者无養育而說有
業果報菩薩摩訶薩如是脩行般若波羅蜜
惡魔不能得便何以故近善知識成助菩提
離世間法於諸如來甚深正法歡喜讚歎若
天若魔沙門婆羅門除佛正智无及菩薩不
見我能行及所行法无二无別自性離故是
名菩薩摩訶薩學般若波羅蜜通達般若波
羅蜜大王菩薩摩訶薩學般若波羅蜜行傴
波憍舍羅波羅蜜菩薩摩訶薩善巧迴向阿
耨多羅三藐三菩提若見華菓日夜六時供
養諸佛及菩薩衆以此善根迴向菩提華樹
菓樹亦復如是若聞如來脩多羅中說甚深

菓樹亦復如是若聞如來脩多羅中說甚深
義信樂受持爲衆生說以此善根迴向菩提
若見如來塔廟形像香華供養令諸衆生離
破戒香獲得如來清淨戒香掃灑塗地令諸
衆生威儀庠序華蓋覆罩令諸衆生皆離惱
熱入僧伽藍願諸衆生悉入涅槃若出伽藍
願諸衆生出魔境界開伽藍門作如是願以
出世智爲諸衆生啓未開門若見開閉願爲
衆生開閉惡趣及以三有坐時念言願諸衆
生坐菩提坐若右脅臥願諸衆生皆得涅槃
起時念言願諸衆生起離諸惑若洗脚足願
諸衆生遠離塵垢礼佛旋塔願諸衆生成天
人師若有外道耶見難化即自念言我爲彼

必信受毀其耶法爲說涅槃令入正教精循
梵行禪定三昧得諸神通見多欲者化爲女
人第一端正令彼愛著彼忽之頃示現无常
色變膖脹爛壞臭處使其憎惡起厭離心即
復本形爲菩薩像而爲說法令發阿耨多羅
三藐三菩提心成无上果見大乘人離善知
識學二乘道不得其果唐失大乘觀彼根性
即爲說法入无上道未發心者化令發心已
發心者教使堅固見持戒人犯少輕罪不解
懺悔懈退憂愁不復循進即爲說法對治懺
除令道勝進菩薩摩訶薩少欲知足唯求法
利爲衆生說供養如来成就六波羅蜜說法
供養是爲檀波羅蜜行不違言是尸波羅蜜

供養是爲檀波羅蜜行不違言是尸波羅蜜
若天若魔不能壞亂是羼提波羅蜜心心相
續不覺疲勸是毗梨耶波羅蜜專心一念不
緣異境是禪波羅蜜説法供養不見我我所
是般若波羅蜜不見我能行及所行法无二
无別自性離故是名菩薩摩訶薩學般若波
羅蜜通達方便波羅蜜大王菩薩摩訶薩學
般若波羅蜜行尼垣波羅蜜菩薩發願不爲
有樂出離三界求二乘道作大願言一切衆
生衆生所攝皆入涅槃然後我身乃成正覺
未發心者即令發心已發心者令其脩行已
脩行者令得菩提得菩提者請轉法輪乃至
分身舍利起塔供養復作願言若有世界諸

就願新發意諸菩薩等若聞如來說甚深法
心不驚怖无邊佛道无邊佛境无邊大悲願
諸衆生皆悉通達又願我身常生穢國不生
淨土何以故譬如病人乃須醫藥无病不須
不見我能行及所行法无二无別自性離故
是名菩薩摩訶薩學般若波羅蜜通達願波
羅蜜大王菩薩摩訶薩學般若波羅蜜行婆
羅波羅蜜菩薩摩訶薩能伏天魔摧諸外道
具足功德智慧力故一切佛法无不脩行无
不證見以神通力用一毛髮能舉閻浮提乃
至四天下三千大千世界乃至无量百千世
界能於空中取種種寶施諸衆生十方无量
无邊世界諸佛說法无不聞持不見我能行

无邊世界諸佛説法无不聞持不見我能行
及所行法无二无別自性離故是名菩薩摩
訶薩學般若波羅蜜通達力波羅蜜大王菩
薩摩訶薩學般若波羅蜜行闍那波羅蜜菩
薩摩訶薩觀五陰生不見實生滅非實滅作
是思惟此五陰空无我无人无衆生无壽者
无養育凡夫衆生虚妄著我五陰非我陰中
无我我非五陰我中无陰凡夫愚惑不如實
知流轉生死如旋火輪一切諸法自性本空
无生无滅緣合謂生緣散爲滅自性非无是
故不生自性非有是故无滅菩薩摩訶薩一
切境界无有一法不通達者循行如是智波
羅蜜二乘外道不能掩蔽以智觀察從初發

我能循及所循法无二无別自性離故是名
菩薩摩訶薩行般若波羅蜜通達智波羅蜜

勝天王般若波羅蜜經顯相品第二

尒時勝天王即從坐起偏袒右肩右膝著地
合掌向佛頭面作礼而白佛言世尊是般若
波羅蜜甚深何者是般若波羅蜜相佛告勝
天王言如地水火風相般若波羅蜜相亦復
如是世尊云何地相佛言普遍廣大難可度
量是爲地相般若波羅蜜相亦復如是何以
故如如普遍廣大難思量故大王一切藥草
皆依地生一切善法皆依般若波羅蜜生又
如大地增之不喜減之不瞋離我我所无二
相故般若波羅蜜亦復如是讚歎不增毀呰

相故般若波羅蜜亦復如是讚歎不增毀呰
不減離我我所无二相故世間行来舉足下
足之悉依於地若求善道趣向涅槃應當依是
般若波羅蜜又如大地出種種寶般若波羅
蜜亦復如是生出世間種種功德又如大地
虫蟻蚊虻種種諸苦不能傾動般若波羅蜜
亦復如是離我我所不可傾動又如大地若
聞師子龍鳥之聲終无驚怖般若波羅蜜亦
復如是天魔外道不能恐懼何以故不見有
人不見有法自性空故又如水大從高赴下
一切善法皆向般若波羅蜜又如水大能潤
草木得生華菓般若波羅蜜亦復如是潤諸
三昧生助道法成一切智樹得佛法菓利益

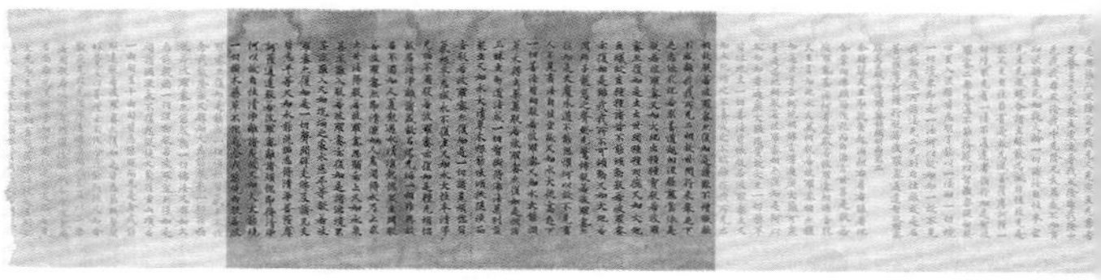

氣根本悉滅永不復生又如水大性本清淨
无垢不濁般若波羅蜜亦復如是體无煩惱
故名清淨離諸惑故名爲无垢一相非異故
名不濁如人夏熱遇水清涼熱惱衆生聞般
若波羅蜜亦即清涼如人患渴得水乃止求
出世法得般若波羅蜜思願亦止又如水泉
甚深難入般若波羅蜜亦復如是諸佛境界
甚深難入又如坑塪之處水悉平等般若波
羅蜜亦復如是一切聲聞辟支佛及諸凡夫
皆悉平等又如水能洗垢悉得清淨菩薩摩
訶薩通達般若波羅蜜離諸煩惱即得清淨
何以故自性清淨離諸惑故又如火大能燒
一切樹木藥草不作是念我能燒物般若波

BD00236　勝天王般若波羅蜜經卷一

一切樹木藥草不作是念我能燒物般若波
羅蜜亦復如是能滅一切煩惱習氣亦不作
念我能除滅又譬如火悉能成熟一切諸物
般若波羅蜜亦能成熟一切佛法又譬如火
悉能乾竭一切濕物般若波羅蜜亦復如是
竭諸漏流永不復起假使火聚在雪山頂若
一由旬至十由旬皆悉能照而无是念我能
照遠般若波羅蜜亦復如是皆悉能照聲聞
緣覺及以菩薩亦不作念我能照彼又如禽
獸夜見火光恐怖遠避薄福凡夫及以二乘
若聞般若波羅蜜恐懼捨離般若波羅蜜聞
名尚難況復脩學如夜遠行迷失道路若見
火光即生歡喜知有聚落疾往投趣至則安

BD00237 大般若波羅蜜多經卷五二八

（唐）玄奘 譯

474.5cm × 26.1cm

行利樂有情
復次善現諸菩薩摩訶薩從初發心作漸次
業脩漸次學行漸次行時以一切智智相應
作意信解諸法皆以无性而為自性先應脩
學佛隨念次應脩學法隨念展轉乃至後應
脩學天隨念善現當知云何菩薩摩訶薩脩
學佛隨念謂菩薩摩訶薩脩學佛隨念時不
應以色受想行識思惟如来應正等覺所以
者何色乃至識皆无自性若法无自性則无
所有若无所有則不可念不可思惟何以故
若无念无思惟是為佛隨念復次善現諸菩
薩摩訶薩脩學佛隨念時不應以三十二相
真金色身常光一尋八十隨好思惟如来應

可念不可思惟何以故若无念无思惟是為
佛隨念復次善現諸菩薩摩訶薩脩學佛隨
念時不應以戒蘊定蘊慧蘊解脫蘊解脫智
見蘊思惟如來應正等覺所以者何如是諸
蘊皆无自性若法无自性則无所有若无所
有則不可念不可思惟何以故若无念无思
惟是為佛隨念復次善現諸菩薩摩訶薩脩
學佛隨念時不應以五眼六神通如來十力四
无所畏四无礙解十八佛不共法大慈大悲
大喜大捨无忘失法恒住捨性一切智道相
智一切相智及餘无量无邊佛法思惟如來
應正等覺所以者何如是諸法皆无自性若
法无自性則无所有若无所有則不可念不
可思惟何以故若无念无思惟是為佛隨念

BD00237　大般若波羅蜜多經卷五二八

可思惟何以故若无念无思惟是爲佛隨念
復次善現諸菩薩摩訶薩修學佛隨念時
不應以緣起法思惟如來應正等覺所以者
何諸緣起法皆无自性若法无自性則无所
有若法无所有則不可念不可思惟何以故
若无念无思惟是爲佛隨念善現當知諸菩
薩摩訶薩行深般若波羅蜜多時應如是修
學佛隨念若如是修學佛隨念是爲作漸次
業修漸次學行漸次行若菩薩摩訶薩能如
是作漸次業修漸次學行漸次行時則能圓
滿四念住乃至八聖道支廣說乃至一切相
智由此證得一切智智是菩薩摩訶薩以一
切法无性爲性方便力故覺一切法皆无自

尚不可得況有佛隨念復次善現云何菩薩摩
訶薩脩學法隨念謂菩薩摩訶薩脩學法
隨念時不應思惟善法非善法若有記法无
記法若世間法出世間法若有愛味法无愛味
法若聖法非聖法若有漏法无漏法若墮三
界法不墮三界法若有為法无為法所以
者何如是諸法皆无自性若法无自性則无
所有若无所有則不可念不可思惟何以故
若无念无思惟是為法隨念善現當知諸菩
薩摩訶薩行深般若波羅蜜多時應如是脩
學法隨念若如是脩學法隨念是為作漸次
業脩漸次學行漸次行若菩薩摩訶薩能如
是作漸次業脩漸次學行漸次行時則能圓
滿四念住乃至八聖道支廣說乃至一切相

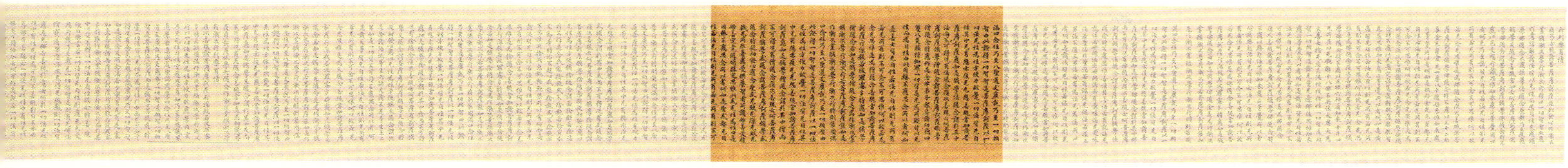

滿四念住乃至八聖道支廣說乃至一切相
智由此證得一切智智是菩薩摩訶薩以一
切法无性爲性方便力故覺一切法皆无自
性其中无有想亦復无无想善現當知諸菩
薩摩訶薩應如是脩學法隨念謂於其中
法尚不可得况有法隨念復次善現云何菩薩
摩訶薩脩學僧隨念謂菩薩摩訶薩脩學
僧隨念時應作是念佛弟子衆具諸功德四
雙八隻補特伽羅一切皆是无爲所顯皆以无
性而爲自性由此因緣不應思念所以者何如
是善士皆无自性若法无自性則无所有
若无所有則不可念不可思惟何以故若无
念无思惟是爲僧隨念善現當知諸菩薩摩

脩漸次學行漸次行若菩薩摩訶薩能如是
作漸次業脩漸次學行漸次行時則能圓滿
四念住乃至八聖道支廣說乃至一切相智由
此證得一切智智是菩薩摩訶薩以一切法
无性為性方便力故覺一切法皆无自性其
中无有想亦復无无想善現當知諸菩薩摩
訶薩應如是脩學僧隨念謂於其中僧尚
不可得況有僧隨念復次善現云何菩薩摩
訶薩脩學戒隨念謂菩薩摩訶薩脩學戒
隨念時從初發心應念聖戒无缺无隟无瑕无
穢无所取著應受供養智者所讚妙善受持
妙善究竟隨順勝定思惟此戒无性為性由是
因緣不應思念所以者何如是聖戒都无自
性若法无自性則无所有若无所有則不可

性若法无自性則无所有若无所有則不可
念不可思惟何以故若无念无思惟是爲戒
隨念善現當知諸菩薩摩訶薩行深般若波
羅蜜多時應如是脩學戒隨念若如是脩學
戒隨念是爲作漸次業脩漸次學行漸次行
若菩薩摩訶薩能如是作漸次業脩漸次
學行漸次行時則能圓滿四念住乃至八聖
道支廣說乃至一切相智由此證得一切智智
是菩薩摩訶薩以一切法无性爲性方便力
故覺一切法皆无自性其中无有想亦復无
无想善現當知諸菩薩摩訶薩應如是脩學
戒隨念謂於其中戒尚不可得況有戒隨念
復次善現云何菩薩摩訶薩脩學捨隨念謂

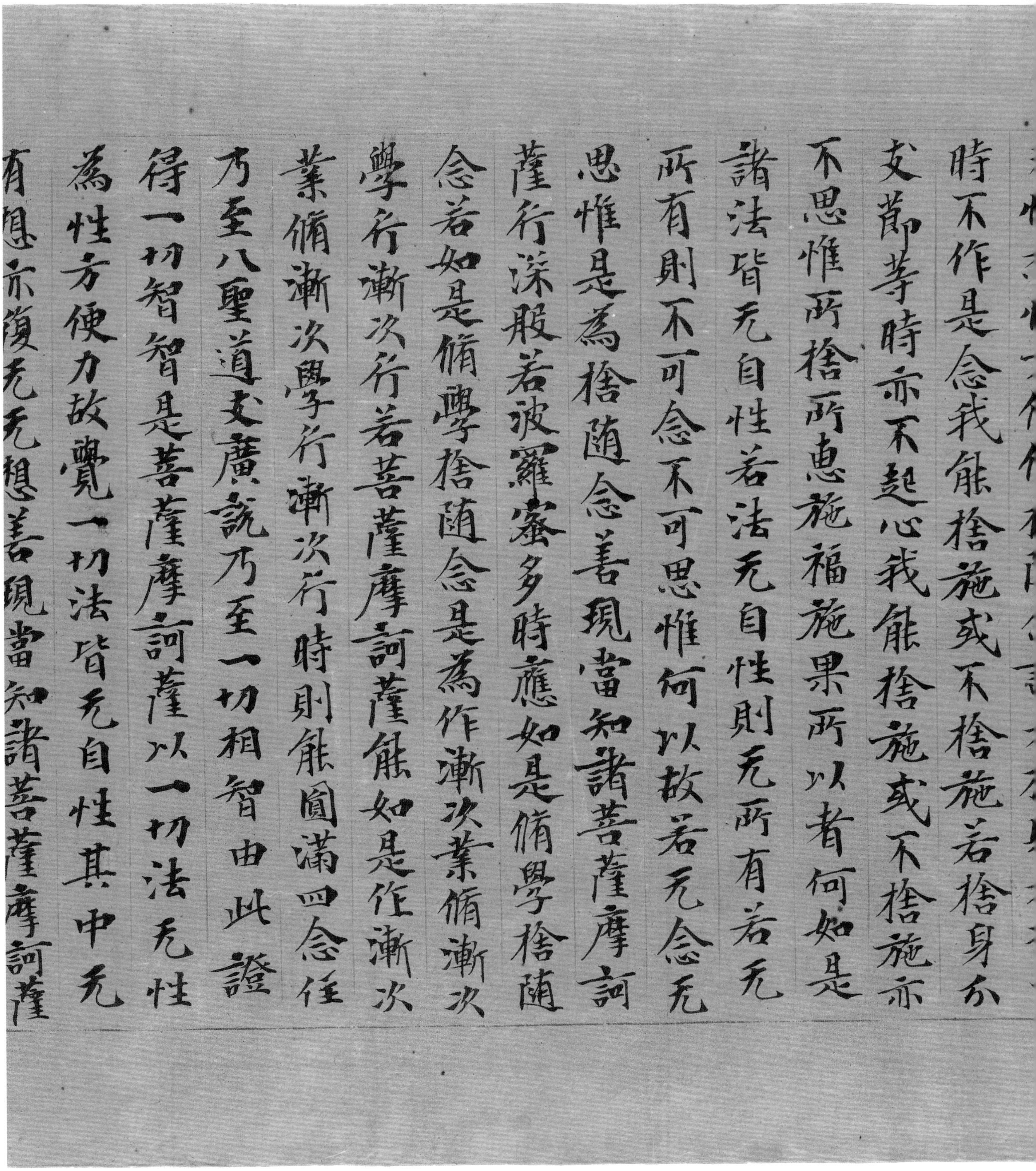

時不作是念我能捨施或不捨施若捨身分
支節等時亦不起心我能捨施或不捨施亦
不思惟所捨所惠施福施果所以者何如是
諸法皆无自性若法无自性則无所有若无
所有則不可念不可思惟何以故若无念无
思惟是為捨隨念善現當知諸菩薩摩訶
薩行深般若波羅蜜多時應如是脩學捨隨
念若如是脩學捨隨念是為作漸次業脩漸次
學行漸次行若菩薩摩訶薩能如是作漸次
業脩漸次學行漸次行時則能圓滿四念住
乃至八聖道支廣說乃至一切相智由此證
得一切智智是菩薩摩訶薩以一切法无性
為性方便力故覺一切法皆无自性其中无
有想亦復无无想善現當知諸菩薩摩訶薩

BD00237　大般若波羅蜜多經卷五二八

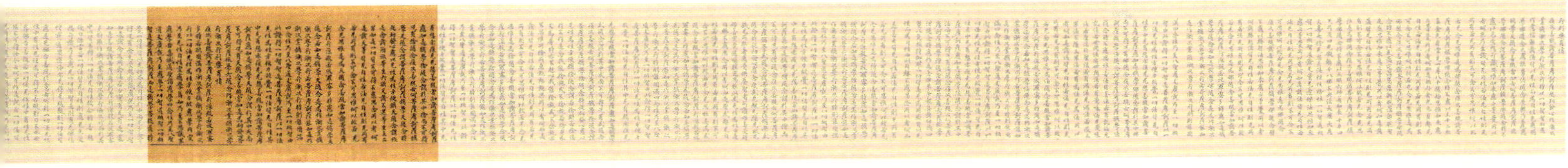

有想亦復无无想善現當知諸菩薩摩訶薩
應如是脩學捨隨念謂於其中捨尚不可得
况有捨隨念復次善現云何菩薩摩訶薩脩
學天隨念謂菩薩摩訶薩脩學天隨念時
從初發心應以无性為性方便脩天隨念謂作
是念諸預流等生六欲天諸不還等生上二
界如是一切皆不可得不應思念所以者何
是諸天等皆无自性若法无自性則无所有
若无所有則不可念不可思惟何以故若无
念无思惟是為天隨念善現當知諸菩薩摩
訶薩行深般若波羅蜜多時應如是脩學天
隨念若如是脩學天隨念是為作漸次業脩
漸次學行漸次行若菩薩摩訶薩能如是作

此證得一切智智是菩薩摩訶薩以一切法
无性爲性方便力故覺一切法皆无自性其
中无有想亦復无无想善現當知諸菩薩摩
訶薩應如是脩學天隨念謂於其中天尚
不可得况有天隨念善現當知是爲初發心菩
薩摩訶薩依學六隨念作漸次業脩漸次學
行漸次行利樂有情
復次善現諸菩薩摩訶薩行深般若波羅蜜
多時若欲圓滿作漸次業脩漸次學行漸次
行以一切法无性爲性方便力故應學內空
乃至无性自性空應學真如乃至不思議界
應學苦集滅道聖諦應學四念住乃至八聖
道支廣說乃至應學一切智道相智一切相
智是菩薩摩訶薩如是脩學菩提道時

智是菩薩摩訶薩如是脩學菩提道時
覺一切法皆以无性而為自性於中尚无少念可
得况有念色受想行識廣說乃至一切智智
如是諸念及所念法若少實有无有是處
如是善現諸菩薩摩訶薩行深般若波羅蜜
多時雖作漸次業脩漸次學行漸次行而於其
中心皆不轉以一切法无自性故尒時善現
便白佛言若一切法皆无自性則應无色受
想行識乃至應无一切智智是則應无佛法
僧寶道果染淨亦无得无現觀則一切法皆
應是无佛告善現於意云何於一切法无性
性中有性无性為可得不善現對曰不也世
尊佛告善現若一切法无性性中有性无性

切法皆應是无善現白言我於此義自无疑
惑但為未来有苾芻等或求聲聞或求獨
覺或求佛果彼作是念若一切法皆无自性
誰染誰淨誰縛誰解彼於染淨縛解義中不
了知故破戒破見破威儀破淨命由此當墮三
惡趣中受種種苦輪轉生死難得解脫我觀
未来當有如是可怖畏事故作是問然我於
此實无疑惑佛告善現善哉善哉汝今乃能
為未来世作如是問然一切法无性性中若
有若无俱不可得不應於此執有无性具壽
善現復白佛言若一切法皆以无性而為自性
諸菩薩摩訶薩觀何等義為欲利樂諸有
情故求趣无上正等菩提佛告善現以一切
法皆以无性而為自性諸菩薩摩訶薩為欲

情故求趣无上正等菩提佛告善現以一切
法皆以无性而為自性諸菩薩摩訶薩為欲
饒益諸有情故求趣无上正等菩提所以者
何諸有情類具斷常見住有所得難可調伏
愚癡顛倒難可解脱善現當知住有所得者
由有所得想无得无現觀亦无无上正等菩
提具壽善現復白佛言若有所得者无得无
現觀亦无无上正等菩提无所得者為有得
有現觀有无上正等菩提不佛告善現若无
所得即是得即是現觀即是无上正等菩提
所以者何以彼不壞法界相故善現當知若
有於此无所得中欲有所得欲得現觀欲得
无上正等菩提當知彼為欲壞法界具壽善
現復白佛言若有所得者无得无現觀亦无

亦无无上正等菩提諸菩薩摩訶薩云何得
有初地二地乃至十地云何得有无生法忍
云何得有異熟生神通云何得有異熟生布
施乃至般若波羅蜜多云何得有安住如是
異熟生法成熟有情嚴淨佛土於諸佛所親
近供養上妙供具所種善根乃至无上正等
菩提與果无盡展轉乃至般涅槃後自設利
羅及諸弟子猶得種種供養恭敬善根勢
力仍未窮盡佛告善現以一切法无所得故諸
菩薩摩訶薩得有初地二地乃至十地即由
此故得有无生法忍即由此故得有異熟生
神通即由此故得有異熟生布施乃至般若
波羅蜜多即由此故得有安住異熟生法
成熟有情嚴淨佛土於諸佛所親近供養上

波羅蜜多時由此故得有如是[illegible]
成熟有情嚴淨佛土於諸佛所親近供養上
妙供具所種善根乃至无上正等菩提與果
无盡展轉乃至般涅槃後自設利羅及諸弟
子猶得種種供養恭敬善根勢力仍未窮盡
具壽善現復白佛言若一切法皆无所得布施
等六波羅蜜多及諸神通有何差別佛告善
現无所得者布施等六波羅蜜多及諸神通
皆无差別爲欲令彼有所得者離諸染著方
便宣說布施等六波羅蜜多及諸神通有差
別相具壽善現復白佛言何因緣故无所得
者布施等六波羅蜜多及諸神通說无差別
佛告善現諸菩薩摩訶薩行深般若波羅蜜
多時不得布施不得施者不得受者不得所

得靜慮而入靜慮不得般若而學般若不得
神通而發神通不得四念住乃至八聖道支
而脩四念住乃至八聖道支廣說乃至不得
一切智道相智一切相智而脩一切智道相
智一切相智不得諸有情而成熟有情不得
諸佛土而嚴淨佛土不得佛法而證菩提如
是善現諸菩薩摩訶薩應行无所得甚深
般若波羅蜜多若菩薩摩訶薩能行无所得
甚深般若波羅蜜多天魔外道不能破壞
尒時善現便白佛言云何菩薩摩訶薩行深
般若波羅蜜多時一心現起則能具攝布施
靜戒安忍精進靜慮般若波羅蜜多廣說
乃至三十二大士夫相八十隨好佛告善現若
菩薩摩訶薩行深般若波羅蜜多時所脩布

BD00237　大般若波羅蜜多經卷五二八

乃至三十二大士夫相八十隨好佛告善現若
菩薩摩訶薩行深般若波羅蜜多時所脩布
施乃至般若波羅蜜多廣説乃至三十二大
士夫相八十隨好皆爲般若波羅蜜多之所攝
受乃得圓滿如是善現諸菩薩摩訶薩行
深般若波羅蜜多時一心現起則能攝受六
波羅蜜多廣説乃至三十二大士夫相八十
隨好具壽善現復白佛言云何菩薩摩訶
薩行深般若波羅蜜多時諸有所作皆爲般
若波羅蜜多所攝受故一心現起則能攝受六
波羅蜜多廣説乃至三十二大士夫相八十
隨好佛告善現諸菩薩摩訶薩行深般若波
羅蜜多時所脩六種波羅蜜多乃至所引三

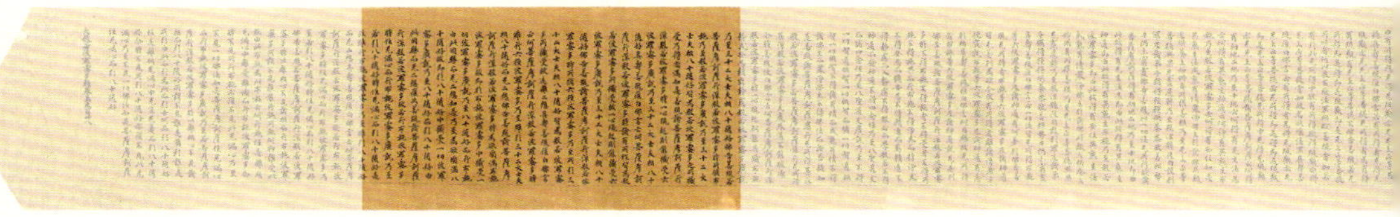

云何菩薩摩訶薩行深般若波羅蜜多時
雖行六種波羅蜜多乃至雖引三十二大士夫
相八十隨好而无二想佛告善現諸菩薩摩
訶薩行深般若波羅蜜多時為欲圓滿布施
波羅蜜多故即於布施波羅蜜多中攝受一
切波羅蜜多廣說乃至八十隨好而行布施
由此因緣而无二想如是乃至為欲圓滿八
十隨好故即於八十隨好中攝受一切波羅
蜜多廣說乃至八十隨好而引八十隨好由
此因緣而无二想復次善現諸菩薩摩訶薩
行深般若波羅蜜多故若行布施波羅蜜多
時住无漏心而行布施波羅蜜多廣說乃至
若引八十隨好時住无漏心而引八十隨好是
故雖行布施波羅蜜多乃至雖引八十隨好

若引八十隨好時住无漏心而引八十隨好是
故雖行布施波羅蜜多乃至雖引八十隨好
而无二想具壽善現復白佛言云何菩薩摩
訶薩行深般若波羅蜜多故若行布施波
羅蜜多時住无漏心而行布施波羅蜜多乃
至若引八十隨好時住无漏心而引八十隨好
佛告善現若菩薩摩訶薩行深般若波羅
蜜多時以離相心不見諸相而行布施波羅
蜜多所謂不見誰能行施所施何物誰受此
施由此布施為此布施云何行施住是離相
无漏心中離愛離慳而行布施波羅蜜多尒
時不見所行布施亦復不見此无漏心乃至
不見一切佛法如是菩薩摩訶薩住无漏心

相而引八十隨好所謂不見誰是能引誰是
所引由此而引爲此而引云何而引八十隨好
住是離相无漏心中无染无著而引八十隨
好尒時不見所引八十隨好亦復不見此无
漏心乃至不見一切佛法如是菩薩摩訶薩
住无漏心而引八十隨好

大般若波羅蜜多經卷第五百廿八

BD00237　大般若波羅蜜多經卷五二八

大般若波羅蜜多經卷第五百廿八

BD00238 妙法蓮華經卷三

（後秦）鳩摩羅什 譯

435.2cm × 25.6cm

佛恭敬尊重諸佛滅後各起塔廟高千由旬
縱廣正等五百由旬以金銀琉璃車𤦲馬瑙
真珠玫瑰七寶合成衆華瓔珞塗香末香燒
香繒蓋幢幡供養塔廟過是已後當復供養
二万億佛亦復如是供養是諸佛已具菩薩
道當得作佛號曰閻浮那提金光如來應供
正遍知明行足善逝世間解无上士調御丈
夫天人師佛世尊其土平正頗梨為地寶樹
莊嚴黃金為繩以界道側妙華覆地周遍清
淨見者歡喜无四惡道地獄餓鬼畜生阿修
羅道多有天人諸聲聞衆及諸菩薩无量万
億莊嚴其國佛壽十二小劫正法住世二十
小劫像法亦住二十小劫尒時世尊欲重宣

是迦栴延　當以種種　妙好供具　供養諸佛
諸佛滅後　起七寶塔　亦以華香　供養舍利
其最後身　得佛智慧　成等正覺　國土清淨
度脫无量　万億衆生　皆爲十方　之所供養
佛之光明　无能勝者　其佛號曰　閻浮金光
菩薩聲聞　斷一切有　无量无數　莊嚴其國
尒時世尊復告大衆我今語汝是大目揵連
當以種種供具供養八千諸佛恭敬尊重諸
佛滅後各起塔廟高千由旬縱廣正等五百
由旬以金銀琉璃車𤦲馬瑙真珠玫瑰七寶
合成衆華瓔珞塗香末香燒香繒蓋幢幡以用
供養過是已後當復供養二百万億諸佛
亦復如是當得成佛號曰多摩羅跋栴檀
香如來應供正遍知明行足善逝世間解无上

香如來應供正遍知明行足善逝世間解无上
士調御丈夫天人師佛世尊劫名喜滿國名
意樂其土平正頗梨為地寶樹莊嚴散真
珠華周遍清淨見者歡喜多諸天人菩薩
聲聞其數无量佛壽二十四小劫正法住世
四十小劫像法亦住四十小劫爾時世尊欲
重宣此義而說偈言
我此弟子　大目揵連　捨是身已　得見八千
二百万億　諸佛世尊　為佛道故　供養恭敬
於諸佛所　常修梵行　於无量劫　奉持佛法
諸佛滅後　起七寶塔　長表金刹　華香伎樂
而以供養　諸佛塔廟　漸漸具足　菩薩道已
於意樂國　而得作佛　号多摩羅　栴檀之香
其佛壽命　二十四劫　常為天人　演說佛道

佛滅度後　正法當住　四十小劫　像法亦尒
我諸弟子　威德具足　其數五百　皆當授記
於未來世　咸得成佛　我及汝等　宿世因緣
吾今當說　汝等善聽

妙法蓮華經化城喻品第七

佛告諸比丘乃往過去无量无邊不可思議阿僧祇劫尒時有佛名大通智勝如來應供正遍知明行足善逝世間解无上士調御丈夫天人師佛世尊其國名好成劫名大相諸比丘彼佛滅度已來甚大久遠譬如三千大千世界所有地種假使有人磨以為墨過於東方千國土乃下一點大如微塵又過千國土復下一點如是展轉盡地種墨於汝等意云何是諸國土若筭師若筭師弟子能得

BD00238　妙法蓮華經卷三

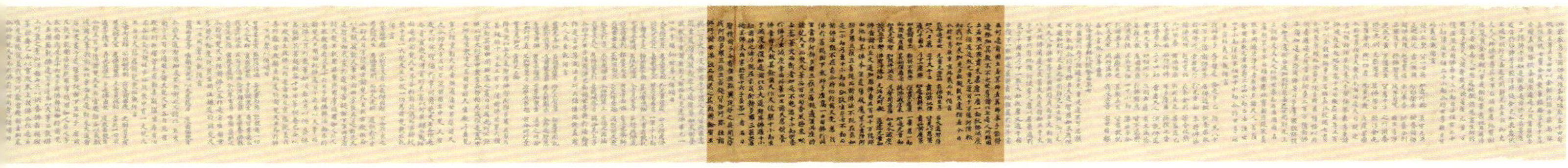

云何是諸國土若筭師若筭師弟子能得
邊際知其數不不世尊諸比丘是人所經國
土若點不點盡末爲塵一塵一劫彼佛滅度
已來復過是數无量无邊百千万億阿僧祇
劫我以如來知見力故觀彼久遠猶若今日
尒時世尊欲重宣此義而說偈言
我念過去世　无量无邊劫　有佛兩足尊　名大通智勝
如人以力磨　三千大千土　盡此諸地種　皆悉以爲墨
過於千國土　乃下一塵點　如是展轉點　盡此諸塵墨
如是諸國土　點與不點等　復盡末爲塵　一塵爲一劫
此諸微塵數　其劫復過是　彼佛滅度來　如是无量劫
如來无礙智　知彼佛滅度　及聲聞菩薩　如見今滅度
諸比丘當知　佛智淨微妙　无漏无所礙　通達无量劫
佛告諸比丘大通智勝佛壽五百四十万億那

是一小劫乃至十小劫結跏趺坐身心不動而
諸佛法猶不在前尒時忉利諸天先為彼
佛於菩提樹下敷師子座高一由旬佛於此
坐當得阿耨多羅三藐三菩提適坐此座時
諸梵天王雨衆天華面百由旬香風時來吹
去萎華更雨新者如是不絶滿十小劫供養
於佛乃至滅度常雨此華四王諸天為供養
佛常擊天鼓其餘諸天作天伎樂十小劫至
于滅度亦復如是諸比丘大通智勝佛過十小
劫諸佛之法乃現在前成阿耨多羅三藐三菩
提其佛未出家時有十六子其第一者名曰
智積諸子各有種種珍異玩好之具聞父得
成阿耨多羅三藐三菩提皆捨所珍往詣
佛所諸母涕泣而隨送之其祖轉輪聖王

BD00238　妙法蓮華經卷三

佛所諸母涕泣而隨送之其祖轉輪聖王
與一百大臣及餘百千万億人民皆共圍遶
隨至道場咸欲親近大通智勝如來供養
恭敬尊重讚歎到已頭面礼足遶佛畢已一
心合掌瞻仰世尊以偈頌曰
大威德世尊　為度衆生故　於无量億歲　尒乃得成佛
諸願已具足　善哉吉无上　世尊甚希有　一坐十小劫
身體及手足　靜然安不動　其心常憺怕　未曾有散亂
究竟永寂滅　安住无漏法　今者見世尊　安隱成佛道
我等得善利　稱慶大歡喜　衆生常苦惱　盲冥无導師
不識苦盡道　不知求解脫　長夜增惡趣　減損諸天衆
從冥入於冥　永不聞佛名　今佛得最上　安隱无漏法
我等及天人　為得最大利　是故咸稽首　歸命无上尊
尒時十六王子偈讚佛已勸請世尊轉於法輪咸

世雄无等倫　百福自莊嚴　得无上智慧　願為世間說
度脫於我等　及諸衆生類　為分別顯示　令得是智慧
若我等得佛　衆生亦復然　世尊知衆生　深心之所念
亦知所行道　又知智慧力　欲樂及修福　宿命所行業
世尊悉知已　當轉无上輪
佛告諸比丘大通智勝佛得阿耨多羅三藐三
菩提時十方各五百万億諸佛世界六種
震動其國中間幽冥之處日月威光所不能
照而皆大明其中衆生各得相見咸作是言此中
云何忽生衆生又其國界諸天宮殿乃至梵
宮六種震動大光普照遍滿世界勝諸天
光尒時東方五百万億諸國土中梵天宮
殿光明照曜倍於常明諸梵天王各作是
念皆宮殿光明昔所未有以何因緣而現此

爾時東方五百万億諸國土中梵天宮
殿光明照曜倍於常明諸梵天王各作是
念者宮殿光明昔所未有以何因緣而現此
相是時諸梵天王即各相詣共議此事時彼
衆中有一大梵天王名救一切為諸梵衆而説
偈言
我等諸宮殿　光明昔未有　此是何因緣　宜各共求之
為大德天生　為佛出世間　而此大光明　遍照於十方
尒時五百万億國土諸梵天王與宮殿俱各
以衣裓盛諸天華共詣西方推尋是相見大
通智勝如來處於道場菩提樹下坐師子座
諸天龍王乾闥婆緊那羅摩睺羅伽人非人
等恭敬圍遶及見十六王子請佛轉法輪即時
諸梵天王頭面礼佛遶百千匝即以天華而
散佛上其所散華如須弥山并以供養佛

等所獻宮殿願垂納受時諸梵天王即於佛
一心同聲以偈頌曰
世尊甚希有　難可得值遇　具无量功德　能救護一切
天人之大師　哀愍於世間　十方諸衆生　普皆蒙饒益
我等所從來　五百万億國　捨深禪定樂　爲供養佛故
我等先世福　宮殿甚嚴飾　今以奉世尊　唯願哀納受
尒時諸梵天王偈讚佛已各作是言唯願世
尊轉於輪度脫衆生開涅槃道時諸梵天
王一心同聲而說偈言
世雄兩足尊　唯願演說法　以大慈悲力　度苦惱衆生
尒時大通智勝如來默然許之又諸比丘東
南方五百万億國土諸大梵天王各自見宮
殿光明照曜昔未有歡喜踊躍生希有心
即各相詣共議此事而彼衆中有一大梵天

即各相詣共議此事而彼衆中有一大梵天
王名曰大悲爲諸梵衆而說偈言
是事何因緣　而現如此相　我等諸宮殿　光明昔未有
爲大德天生　爲佛出世閒　未曾見此相　當共一心求
過千万億土　尋光共推之　多是佛出世　度脫苦衆生
尒時五百万億諸梵天王與宮殿俱各以衣裓
盛諸天華共詣西北方推尋是相見大通智
勝如來處于道場菩提樹下坐師子座諸
天龍王乾闥婆緊那羅摩睺羅伽人非人等
恭敬圍遶及見十六王子請佛轉法輪時諸梵
天王頭面礼佛遶百千帀即以天華而散佛
上所散之華如須弥山并以供養佛菩提樹
華供養已各以宮殿奉上彼佛而作是言
唯見哀愍饒益我等所獻宮殿願垂納處

世尊甚希有　久遠乃一現　一百八十劫　空過无有佛
三惡道充滿　諸天眾減少　今佛出於世　為眾生作眼
世間所歸趣　救護於一切　為眾生之父　哀愍饒益者
我等宿福慶　今得值世尊
尒時諸梵天王偈讚佛已各作是言唯願世
尊哀愍一切轉於法輪度脫眾生時諸梵
王天一心同聲而說偈言
大聖轉法輪　顯示諸法相　度苦惱眾生　令得大歡喜
眾生聞是法　得道若生天　諸惡道減少　忍善者增益
尒時大通智勝如來默然許之又諸比丘南
方五百万億國土諸大梵天王各自見宮殿
光明照曜昔所未有歡喜踊躍生希有心
即各相詣共議此事以何因緣我等宮殿
有此光曜而彼眾中有一大梵天王名曰妙

有此光曜而彼衆中有一大梵天王名曰妙
法爲諸梵衆而說偈言
我等諸宫殿　光明甚威曜　此非无因緣　是相求宜之
過於百千劫　未曾見是相　爲大德天生　爲佛出世閒
尒時五百万億諸梵天王與宫殿俱各以衣祴
盛諸天華共詣北方推尋是相見大通智
勝如來處于道場菩提樹下坐師子座諸天
龍王乹闥婆緊那羅摩睺羅伽人非人等恭
敬圍遶及見十六王子請佛轉法輪時諸梵
天王頭面礼佛遶百千匝即以天華而散佛
上所散之華如須弥山并以供養佛菩提樹
華供養已各以宫殿奉上彼佛而作是言唯
見哀愍饒益我等所獻宫殿願垂納處尒
時諸梵天王即於佛前一心同聲以偈頌曰

如優曇鉢羅　今日乃值遇　我等諸宮殿　蒙光故嚴飾
世尊大慈悲　唯願垂納受
尒時諸梵天王偈讚佛已各作是言　唯願世
尊轉於法輪令一切世間諸天魔梵沙門婆
羅門皆獲安隱而得度脫時諸梵天王一心
同聲以偈頌曰
唯願天人尊　轉无上法輪　擊於大法鼓　而吹大法螺
普雨大法雨　度无量衆生　我等咸歸請　當演深遠音
尒時大通智勝如來默然許之西南方乃至
下方亦復如是
尒時上方五百万億國諸大梵天王皆悉自
覩所止宮殿光明威曜昔所未有歡喜踊躍
生希有心即各相詣共議此事以何因緣我等

BD00238　妙法蓮華經卷三

者而此宮殿光明昔所未有歡喜踊躍
生希有心即各相詣共議此事以何因緣我等
宮殿有斯光明時彼衆中有一大梵天王名
曰尸棄爲諸梵衆而説偈言
今以何因緣　我等諸宮殿　威德光明曜　嚴飾未曾有
如是之妙相　昔所未曾見　爲大德天王　爲佛出世間
尒時五百万億諸梵天王與宮殿俱各以衣裓
盛諸天華共詣下方推尋此相見大通智勝
如來處于道場菩提樹下坐師子座諸天龍
王乾闥婆緊那羅摩睺羅伽人非人等恭敬
圍遶及見十六王子請佛轉法輪時諸梵天
王頭面礼佛遶百千匝即以天華而散佛上
所散之華如須弥山并以供養佛菩提樹華
供養已各以宮殿奉上彼佛而作是言唯見
哀愍饒益我等所獻宮殿願垂納受

善哉見諸佛　救世之聖尊　能於三界獄　拔出諸衆生
普智天人尊　哀愍群萌類　能開甘露門　廣度於一切
於昔无量劫　空過无有佛　世尊未出時　十方常闇冥
三惡道增長　阿脩羅亦盛　諸天衆轉減　死多墮惡道
不從佛聞法　常行不善事　色力及智慧　斯等皆減少
罪業因緣故　失樂及樂想　住於邪見法　不識善儀則
不蒙佛所化　常墮於惡道　佛為世間眼　久遠時乃出
哀愍諸衆生　故現於世間　超出成正覺　我等甚欣慶

尒時大通智勝如來默然許之西南方乃至
下方亦復如是
尒時上方五百万億國土諸大梵天王皆悉自
覩所止宮殿光明威曜昔所未有歡喜踊躍
希生有心即各相詣共議此事以何因緣我等
宮殿有斯光明時彼衆中有一大梵天王名曰

宫殿有斯光明時彼衆中有一大梵天王名曰
尸棄為諸梵衆而説偈言
今以何因緣　我等諸宫殿　威德光明曜　嚴飾未曾有
如是之妙相　昔所未曾見　為大德天王　為佛出世間
尒時五百万億諸梵天王與宫殿俱各以衣裓
盛諸天華共詣下方推尋此相見大通智勝
如來處于道場菩提樹下坐師子座諸天龍
王乾闥婆緊那羅摩睺羅伽人非人等恭敬
圍遶及見十六王子請佛轉法輪時諸梵天
王頭面礼佛遶百千匝即以天華而散佛上
所散之華如須弥山并以供養佛菩提樹華
供養已各以宫殿奉上彼佛而作是言唯見
哀愍饒益我等所獻宫殿願垂納處時諸
梵天王即於佛前一心同聲以偈頌曰

於昔无量劫　空過无有佛　世尊未出時　十方常闇冥
三惡道增長　阿脩羅亦盛　諸天衆轉減　死多墮惡道
不從佛聞法　常行不善事　色力及智慧　斯等皆減少
罪業因緣故　失樂及樂想　住於邪見法　不識善儀則
不蒙佛所化　常墮於惡道　佛為世間眼　久遠時乃出
哀愍諸衆生　故現於世間　超出成正覺　我等甚欣慶
及餘一切衆　喜歎未曾有　我等諸宮殿　蒙光故嚴飾
今以奉世尊　唯垂哀納受　願以此功德　普及於一切
我等與衆生　皆共成佛道
尒時五百万億諸梵天王偈讚佛已各白佛
言唯願世尊轉於法輪多所安隱多所度脫
時諸梵天王而說偈言
世尊轉法輪　擊甘露法鼓　度苦惱衆生　開示涅槃道
唯願受我請　以大微妙音　哀愍而敷演　无量劫集法

BD00238　妙法蓮華經卷三

唯願受我請　以大微妙音　哀愍而敷演　无量劫集法
尒時大通智勝如來受十方諸梵天王及十
六王子請即時三轉十二行法輪若沙門婆羅
門若天魔梵及餘世間所不能轉謂是苦
是苦集是苦滅是滅道及廣說十二因緣法
无明緣行行緣識識緣名色名色緣六入六
入緣觸觸緣受受緣愛愛緣取取緣有有
緣生生緣老死憂悲苦惱无明滅則行滅行
滅則識滅識滅則名色滅名色滅則六入滅

BD00240 妙法蓮華經卷三

（後秦）鳩摩羅什 譯

865.5cm × 27.1cm

其種性具足蒙潤各得生
長如来說法一相一味所謂解脫相離相滅
相究竟至於一切種智其有衆生聞如来法
若持讀誦如說脩行所得功德不自覺知
所以者何唯有如来知此衆生種相體性念何
事思何事脩何事云何念云何思云何脩以
何法念以何法思以何法脩以何法得何法
衆生住於種種之地唯有如来如實見之明
了无礙如彼卉木叢林諸藥草等而不自知
上中下性如来知是一相一味之法所謂解
脫相離相滅相究竟涅槃常寂相相終歸於
空佛知是已觀衆生心欲而將護之是故不
即為說一切種智汝等迦葉甚為希有能知

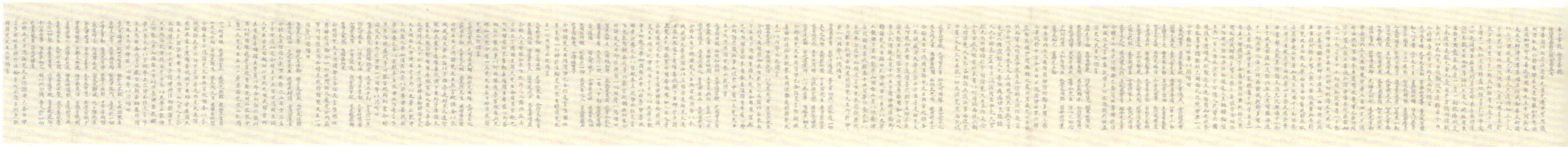

義而說偈言
破有法王　出現世間　隨眾生欲　種種說法
如來尊重　智慧深遠　久默斯要　不務速說
有智若聞　則能信解　无智疑悔　則為永失
是故迦葉　隨力為說　以種種緣　令得正見
迦葉當知　譬如大雲　起於世間　遍覆一切
惠雲含潤　電光晃曜　雷聲遠震　令眾悅豫
日光掩蔽　地上清涼　靉靆垂布　如可承攬
其而普等　四方俱下　流澍无量　率土充洽
山川險谷　幽邃所生　卉木藥草　大小諸樹
百穀苗稼　甘蔗蒲桃　而之所潤　无不豐足
乾地普洽　藥木並茂　其雲所出　一味之水
草木叢林　隨分受潤　一切諸樹　上中下等
種其大小　各得生長　根莖枝葉　華菓光色

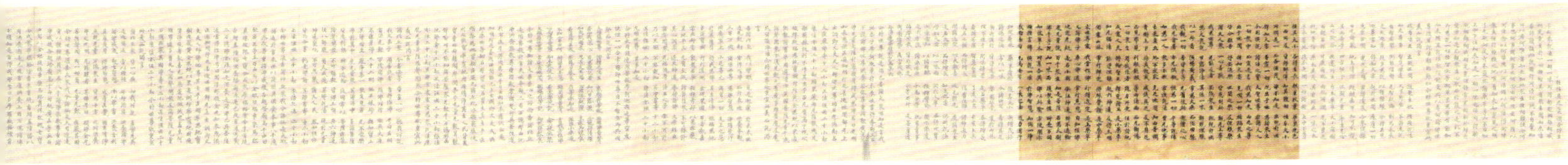

種其大小　各得生長　根莖枝葉　華菓光色
一雨所及　皆得鮮澤　如其體相　性分大小
所潤是一　而各滋茂　佛亦如是　出現於世
譬如大雲　普覆一切　既出于世　為諸衆生
分別演說　諸法之實　大聖世尊　於諸天人
一切衆中　而宣是言　我為如來　兩足之尊
出于世間　猶如大雲　充潤一切　枯槁衆生
皆令離苦　得安隱樂　世間之樂　及涅槃樂
諸天人衆　一心善聽　皆應到此　覲无上尊
我為世尊　无能及者　安隱衆生　故現於世
為大衆說　甘露淨法　其法一味　解脫涅槃
以一妙音　演暢斯義　常為大乘　而作因緣
我觀一切　普皆平等　无有彼此　愛憎之心
我无貪著　亦无限礙　恒為一切　平等說法

貴賤上下　持戒毀戒　威儀具足　及不具足
正見邪見　利根鈍根　等雨法雨　而无懈惓
一切衆生　聞我法者　隨力所受　住於諸地
或處人天　轉輪聖王　釋梵諸王　是小藥草
知无漏法　能得涅槃　起六神通　及得三明
獨處山林　常行禪定　得緣覺證　是中藥草
求世尊處　我當作佛　行精進定　是上藥草
又諸佛子　專心佛道　常行慈悲　自知作佛
決定无疑　是名小樹　安住神通　轉不退輪
度无量億　百千衆生　如是菩薩　名爲大樹
佛平等說　如一味雨　隨衆生性　所受不同
如彼草木　所稟各異　佛以此喻　方便開示
種種言辭　演說一法　於佛智慧　如海一渧
我雨法雨　充滿世間　一味之法　隨力脩行

種種言辭　演說一法　於佛智慧　如海一渧
我雨法雨　充滿世間　一味之法　隨力脩行
如彼叢林　藥草諸樹　隨其大小　漸增茂好
諸佛之法　常以一味　令諸世間　普得具足
漸次脩行　皆得道果　聲聞緣覺　處於山林
住冣後身　聞法得果　是名藥草　各得增長
若諸菩薩　智慧堅固　了達三界　求冣上乘
是名小樹　而得增長　復有住禪　得神通力
聞諸法空　心大歡喜　放无數光　度諸衆生
是名大樹　而得增長　如是迦葉　佛所說法
譬如大雲　以一味雨　潤於人華　各得成實
迦葉當知　以諸因緣　種種譬喻　開示佛道
是我方便　諸佛亦然　今為汝等　說冣實事
諸聲聞衆　皆非滅度　汝等所行　是菩薩道

尒時世尊說是偈已告諸大衆唱如是言我
此弟子摩訶迦葉於未来世當得奉覲三百
万億諸佛世尊供養恭敬尊重讚歎廣宣諸
佛无量大法於最後身得成為佛名曰光明
如来應供正遍知明行足善逝世間解无上
士調御丈夫天人師佛世尊國名光德劫名
大莊嚴佛壽十二小劫正法住世二十小劫
像法亦住二十小劫國界嚴飾无諸穢惡瓦
礫荊棘便利不淨其土平正无有高下坑坎
堆阜琉璃為地寶樹行列黄金為繩以界道
側散諸寶華周遍清淨其國菩薩无量千億
諸聲聞衆亦復无數无有魔事雖有魔及魔
民皆護佛法尒時世尊欲重宣此義而說偈
言

言
告諸比丘　我以佛眼　見是迦葉　於未来世
過无數劫　當得作佛　而於来世　供養奉覲
三百万億　諸佛世尊　為佛智慧　淨脩梵行
供養最上　二足尊已　脩習一切　无上之慧
於最後身　得成為佛　其土清淨　琉璃為地
多諸寶樹　行列道側　金繩界道　見者歡喜
常出好香　散衆名華　種種奇妙　以為莊嚴
其地平正　无有丘坑　諸菩薩衆　不可稱計
其心調柔　逮大神通　奉持諸佛　大乘經典
諸聲聞衆　无漏後身　法王之子　亦不可計
乃以天眼　不能數知　其佛當壽　十二小劫
正法住世　二十小劫　像法亦住　二十小劫
光明世尊　其事如是

聲而說偈言
大雄猛世尊　諸釋之法王　哀愍我等故　而賜佛音聲
若知我深心　見為授記者　如以甘露灑　除熱得清涼
如從飢國來　忽遇大王饍　心猶懷疑懼　未敢即便食
若復得王教　然後乃敢食　我等亦如是　每惟小乘過
不知當云何　得佛无上慧　雖聞佛音聲　言我等作佛
心尚懷憂懼　如未敢便食　若蒙佛授記　尒乃快安樂
大雄猛世尊　常欲安世間　願賜我等記　如飢須教食
尒時世尊知諸大弟子心之所念告諸比丘
是須菩提於當來世奉覲三百万億那由他
佛供養恭敬尊重讚歎常脩梵行具菩薩道
於㝡後身得成為佛号曰名相如來應供正遍
知明行足善逝世間解无上士調御丈夫天世
師佛世尊劫名有寶國名寶生其土平正

知明行足善逝世間解无上士調御丈夫天世
師佛世尊劫名有寶國名寶生其土平正
頗梨爲地寶樹莊嚴无諸丘坑沙礫荊棘便
利之穢寶華覆地周遍清淨其土人民皆處
寶臺珎妙樓閣聲聞弟子无量无數筭數
譬喻所不能知諸菩薩衆无數千万億那由
他佛壽十二小劫正法住世二十小劫像法
亦住二十小劫其佛常處虛空爲衆說法度
脫无量菩薩及聲聞衆尒時世尊欲重宣此
義而說偈言

諸比丘衆　今告汝等　皆當一心　聽我所說
我大弟子　須菩提者　當得作佛　号曰名相
當供无數　万億諸佛　隨佛所行　漸具大道
最後身得　三十二相　端正姝妙　猶如寶山

皆悉利根　轉不退輪　彼國常以　菩薩莊嚴
諸聲聞衆　不可稱數　皆得三明　具六神通
住八解脫　有大威德　其佛說法　現於无量
神通變化　不可思議　諸天人民　數如恒沙
皆共合掌　聽受佛語　其佛當壽　十二小劫
正法住世　二十小劫　像法亦住　二十小劫
尒時世尊復告諸比丘衆我今語汝是大迦
旃延於當來世以諸供具供養奉事八千億
佛恭敬尊重諸佛滅後各起塔廟高千由旬
縱廣正等五百由旬以金銀琉璃車渠馬瑙
真珠玫瑰七寶合成衆華瓔珞塗香末香燒
香繒蓋幢幡供養塔廟過是已後當復供養
二万億佛亦復如是供養是諸佛已具菩薩
道當得作佛号曰閻浮那提金光如來應供

二万億佛亦復如是供養是諸佛已具菩薩
道當得作佛号曰閻浮那提金光如來應供
正遍知明行足善逝世間解无上士調御丈
夫天人師佛世尊其土平正頗梨為地寶
樹莊嚴黃金為繩以界道側妙華覆地周遍
清淨見者歡喜无四惡道地獄餓鬼畜生阿
脩羅道多有天人諸聲聞衆及諸菩薩无量
万億莊嚴其國佛壽十二小劫正法住世二十
小劫像法亦住二十小劫尒時世尊欲重宣
此義而說偈言

諸比丘衆　皆一心聽　如我所說　真實无異
是迦旃延　當以種種　妙好供具　供養諸佛
諸佛滅後　起七寶塔　亦以華香　供養舍利
其最後身　得佛智慧　成等正覺　國土清淨

菩薩聲聞 斷一切有 无量无數 莊嚴其國
尒時世尊復告大衆我今語汝是大目揵連
當以種種供具供養八千諸佛恭敬尊重諸
佛滅後各起塔廟高千由旬縱廣正等五百
由旬以金銀琉璃車𤦲馬瑙真珠玫瑰七寶
合成衆華瓔珞塗香末香燒香繒蓋幢幡以
用供養過是已後當復供養二百万億諸佛
亦復如是當得成佛号曰多摩羅跋栴檀香
如来應供正遍知明行足善逝世間解无上
士調御丈夫天人師佛世尊劫名喜滿國名
意樂其土平正頗梨為地寶樹莊嚴散真珠
華周遍清淨見者歡喜多諸天人菩薩聲聞
其數无量佛壽二十四小劫正法住世四十
小劫像法亦住四十小劫尒時世尊欲重宣

小劫像法亦住四十小劫尒時世尊欲重宣
此義而説偈言
我此弟子　大目揵連　捨是身已　得見八千
二百万億　諸佛世尊　為佛道故　供養恭敬
於諸佛所　常脩梵行　於无量劫　奉持佛法
諸佛滅後　起七寶塔　長表金剎　華香伎樂
而以供養　諸佛塔廟　漸漸具足　菩薩道已
於意樂國　而得作佛　号多摩羅　栴檀之香
其佛壽命　二十四劫　常為天人　演説佛道
聲聞无量　如恒河沙　三明六通　有大威德
菩薩无數　志固精進　於佛智慧　皆不退轉
佛滅度後　正法當住　四十小劫　像法亦尒
我諸弟子　威德具足　其數五百　皆當授記
於未來世　咸得成佛　我及汝等　宿世因緣

妙法蓮華經化城喻品第七
佛告諸比丘乃往過去无量无邊不可思議
阿僧祇劫尒時有佛名大通智勝如來應供
正遍知明行足善逝世間解无上士調御丈
夫天人師佛世尊其國名好成劫名大相諸
比丘彼佛滅度已來甚大久遠譬如三千大
千世界所有地種假使有人磨以為墨過於
東方千國土乃下一點大如微塵又過千國
土復下一點如是展轉盡地種墨於汝等意
云何是諸國土若筭師若筭師弟子能得邊
際知其數不不也世尊諸比丘是人所經國土
若點不點盡末為塵一塵一劫彼佛滅度
已來復過是數无量无邊百千万億阿僧祇
劫我以如來知見力故觀彼久遠猶若今日
尒時世尊欲重宣此義而說偈言

劫我以如來知見力故觀彼久遠猶若今日
尒時世尊欲重宣此義而說偈言
我念過去世　无量无邊劫　有佛兩足尊　名大通智勝
如人以力磨　三千大千土　盡此諸地種　皆悉以爲墨
過於千國土　乃下一塵點　如是展轉點　盡此諸塵墨
如是諸國土　點與不點等　復盡末爲塵　一塵爲一劫
此諸微塵數　其劫復過是　彼佛滅度來　如是无量劫
如來无礙智　知彼佛滅度　及聲聞菩薩　如見今滅度
諸比丘當知　佛智淨微妙　无漏无所礙　通達无量劫
佛告諸比丘大通智勝佛壽五百四十万億
那由他劫其佛本坐道場破魔軍已垂得阿
耨多羅三藐三菩提而諸佛法不現在前如
是一小劫乃至十小劫結跏趺坐身心不動
而諸佛法猶不在前尒時忉利諸天先爲彼

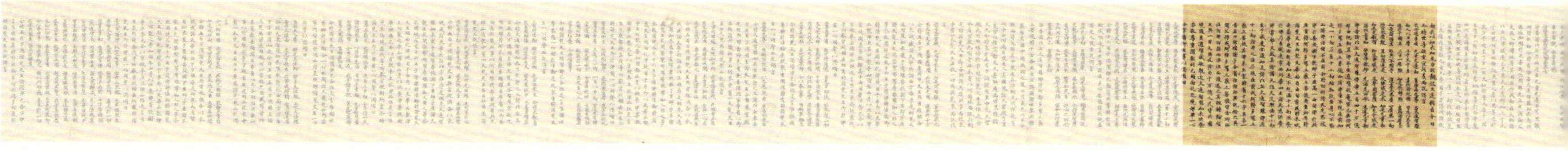

諸梵天王雨衆天華面百由旬香風時来吹
去萎華更雨新者如是不絕滿十小劫供養
於佛乃至滅度常雨此華四王諸天為供養
佛常擊天鼓其餘諸天作天伎樂滿十小劫
至于滅度亦復如是諸比丘大通智勝佛過
十小劫諸佛之法乃現在前成阿耨多羅三
藐三菩提其佛未出家時有十六子其第一
者名曰智積諸子各有種種珍異玩好之具
聞父得成阿耨多羅三藐三菩提皆捨所珍
往詣佛所諸母涕泣而隨送之其祖轉輪聖
王與一百大臣及餘百千万億人民皆共圍
繞隨至道場咸欲親近大通智勝如来供養
恭敬尊重讚歎到已頭面礼足繞佛畢一心
合掌瞻仰世尊以偈頌曰

合掌瞻仰世尊，以偈頌曰：

大威德世尊　為度眾生故　於无量億歲　尒乃得成佛
諸願已具足　善哉吉无上　世尊甚希有　一坐十小劫
身體及手足　静然安不動　其心常惔怕　未曾有散亂
究竟永寂滅　安住无漏法　今者見世尊　安隱成佛道
我等得善利　稱慶大歡喜　眾生常苦惱　盲瞑无導師
不識苦盡道　不知求解脫　長夜增惡趣　減損諸天眾
從瞑入於瞑　永不聞佛名　今佛得最上　安隱无漏法
我等及天人　為得最大利　是故咸稽首　歸命无上尊

尒時十六王子偈讚佛已，勸請世尊轉於法輪，咸作是言：世尊說法，多所安隱、憐愍饒益諸天人民。重說偈言：

世雄无等倫　百福自莊嚴　得无上智慧　願為世間說
度脫於我等　及諸眾生類　為分別顯示　令得是智慧

世尊悉知已　當轉无上輪

佛告諸比丘大通智勝佛得阿耨多羅三藐

三菩提時十方各五百万億諸佛世界六種

震動其國中間幽冥之處日月威光所不能

照而皆大明其中衆生各得相見咸作是言

此中云何忽生衆生又其國界諸天宮殿乃至

梵宮六種震動大光普照遍滿世界勝諸

天光尒時東方五百万億諸國土中梵天宮

殿光明照曜倍於常明諸梵天王各作是念

今者宮殿光明昔所未有以何因緣而現此相

是時諸梵天王即各相詣共議此事而彼衆

中有一大梵天王名救一切為諸梵衆而說偈

言

我等諸宮殿　光明昔未有　此是何因緣　宜各共求之

言
我等諸宮殿　光明昔未有　此是何因緣　宜各共求之
為大德天生　為佛出世間　而此大光明　遍照於十方
尒時五百万億國土諸梵天王與宮殿俱各
以衣裓盛諸天華共詣西方推尋是相見大
通智勝如來處于道場菩提樹下坐師子座
諸天龍王乾闥婆緊那羅摩睺羅伽人非人
等恭敬圍繞及見十六王子請佛轉法輪即
時諸梵天王頭面礼佛繞百千帀即以天華
而散佛上其所散華如須弥山并以供養佛
菩提樹其菩提樹高十由旬華供養已各以
宮殿奉上彼佛而作是言唯見哀愍饒益我
等所獻宮殿願垂納處時諸梵天王即於佛
前一心同聲以偈頌曰

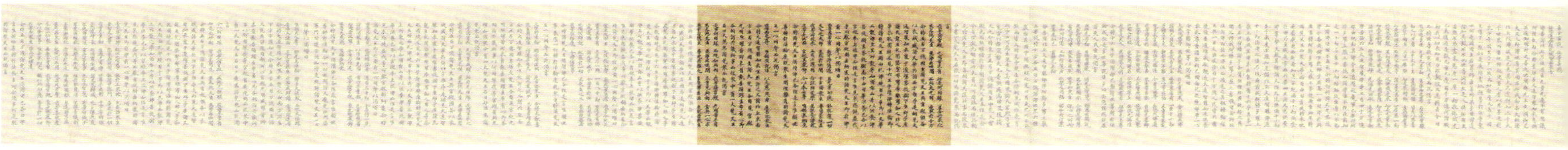

我等之所從来　五百万億國　捨深禪定樂　為供養佛故
我等先世福　宮殿甚嚴飾　今以奉世尊　唯願哀納受
尒時諸梵天王偈讚佛已各作是言唯願世
尊轉於法輪度脫衆生開涅槃道時諸梵天
王一心同聲而說偈言
世雄兩足尊　唯願演說法　以大慈悲力　度苦惱衆生
尒時大通智勝如来嘿然許之又諸比丘東南
方五百万億國土諸大梵王各自見宮殿
光明照曜昔所未有歡喜踊躍生希有心即
各相詣共議此事而彼衆中有一大梵天王
名曰大悲為諸梵衆而說偈言
是事何因緣　而現如此相　我等諸宮殿　光明昔未有
為大德天生　為佛出世間　未曾見此相　當共一心求
過千万億土　尋光共推之　多是佛出世　度脫苦衆生

過千万億土　尋光共推之　多是佛出世　度脫苦衆生
尒時五百万億諸梵天王與宮殿俱各以衣
裓盛諸天華共詣西北方推尋是相見大通
智勝如来處于道場菩提樹下坐師子座諸
天龍王乾闥婆緊那羅摩睺羅伽人非人等
恭敬圍繞及見十六王子請佛轉法輪時諸
梵天王頭面礼佛繞百千帀即以天華而散
佛上所散之華如須弥山并以供養佛菩提
樹華供養已各以宮殿奉上彼佛而作是言
唯見哀愍饒益我等所獻宮殿願垂納處尒
時諸梵天王即於佛前一心同聲以偈頌曰
聖主天中王　迦陵頻伽聲　哀愍衆生者　我等今敬礼
世尊甚希有　久遠乃一現　一百八十劫　空過无有佛
三惡道滿　諸天衆減少　今佛出於世　爲衆生作眼

尒時諸梵天王偈讚佛已各作是言唯願世
尊哀愍一切轉於法輪度脫衆生時諸梵天
王一心同聲而説偈言
大聖轉法輪　顯示諸法相　度苦惱衆生　令得大歡喜
衆生聞此法　得道若生天　諸惡道減少　忍善者增益
尒時大通智勝如來默然許之又諸比丘南
方五百万億國土諸大梵王各自見宮殿光
明照曜昔所未有歡喜踊躍生希有心即各
相詣共議此事以何因緣我等宮殿有此光
曜而彼衆中有一大梵天王名曰妙法為諸
梵衆而説偈言
我等諸宮殿　光明甚威曜　此非无因緣　是相宜求之
過於百千劫　未曾見是相　為大德天生　為佛出世間
尒時五百万億諸梵天王與宮殿俱各以衣

尒時五百万億諸梵天王與宮殿俱各以衣
裓盛諸天華共詣北方推尋是相見大通智
勝如来處于道場菩提樹下坐師子座諸天
龍王乾闥婆緊那羅摩睺羅伽人非人等恭
敬圍繞及見十六王子請佛轉法輪時諸梵天
王頭面礼佛繞百千帀即以天華而散佛
上所散之華如須弥山并以供養佛菩提樹
華供養已各以宮殿奉上彼佛而作是言唯
見哀愍饒益我等所獻宮殿願納處尒時
諸梵天王即於佛前一心同聲以偈頌曰

世尊甚難見　破諸煩惱者　過百三十劫　今乃得一見
諸飢渴衆生　以法雨充滿　昔所未曾覩　无量智慧者
如優曇波羅　今日乃值遇　我等諸宮殿　蒙光故嚴飾
世尊大慈愍　唯願垂納受

羅門皆獲安隱而得度脫時諸梵天王一心
同聲以偈頌曰
唯願天人尊　轉无上法輪　擊于大法鼓　而吹大法螺
普雨大法雨　度无量衆生　我等咸歸請　當演深遠音
尒時大通智勝如來默然許之西南方乃至
下方亦復如是尒時上方五百万億國土諸
大梵王皆悉自覩所止宮殿光明威曜昔所
未有歡喜踊躍生希有心即各相詣共議此
事以何因緣我等宮殿有斯光明而彼衆中
有一大梵天王名曰尸棄為諸梵衆而說偈
言
今以何因緣　我等諸宮殿　威德光照曜　嚴飾未曾有
如是之妙相　昔所未聞見　為大德天生　為佛出世間
尒時五百万億諸梵天王與宮殿俱各以衣

BD00240　妙法蓮華經卷三

如是之妙相　昔所未聞見　爲大德天生　爲佛出世間
尒時五百万億諸梵天王與宮殿俱各以衣
裓盛諸天華共詣下方推尋是相見大通智
勝如來處于道場菩提樹下坐師子座諸天
龍王乾闥婆緊那羅摩睺羅伽人非人等恭
敬圍繞及見十六王子請佛轉法輪時諸梵
天王頭面礼佛繞百千帀即以天華而散佛
上所散之華如須弥山并以供養佛菩提樹
華供養已各以宮殿奉上彼佛而作是言唯
見哀愍饒益我等所獻宮殿願垂納處時諸
梵天王即於佛前一心同聲以偈頌曰
善哉見諸佛　救世之聖尊　能於三界獄　勉出諸衆生
普智天人尊　哀愍群萌類　能開甘露門　廣度於一切
於昔无量劫　空過无有佛　世尊未出時　十方常暗瞑

罪業因緣故　失樂及樂想　住於邪見法　不識善儀則
不蒙佛所化　常墮於惡道　佛為世間眼　久遠時乃出
哀愍諸衆生　故現於世間　超出成正覺　我等甚欣慶
及餘一切衆　喜歎未曾有　我等諸宮殿　蒙光故嚴飾
今以奉世尊　唯垂哀納受　願以此功德　普及於一切
我等與衆生　皆共成佛道
尒時五百万億諸梵天王偈讚佛已各白佛
言唯願世尊轉於法輪多所安隱多所度脫
時諸梵天王而說偈言
世尊轉法輪　擊甘露法鼓　度苦惱衆生　開示涅槃道
唯願受我請　以大微妙音　哀愍而敷演　无量劫習法
尒時大通智勝如來受十方諸梵天王及十
六王子請即時三轉十二行法輪若沙門婆
羅門若天魔梵及餘世間所不能轉謂是苦

羅門若天魔梵及餘世間所不能轉謂是苦
是苦集是苦滅是苦滅道及廣說十二因緣
法无明緣行行緣識識緣名色名色緣六入
六入緣觸觸緣受受緣愛愛緣取取緣有有
緣生生緣老死憂悲煩惱无明滅則行滅行
滅則識滅識滅則名色滅名色滅則六入滅六
入滅則觸滅觸滅則受滅受滅則愛滅愛滅
則取滅取滅則有滅有滅則生滅生滅則
老死憂悲苦惱滅佛於天人大衆之中說是
法時六百万億那由他人以不受一切法故
而於諸漏心得解脫皆得深妙禪定三明六
通具八解脫第二第三第四說法時千万億
恒河沙那由他等衆生亦以不受一切法故
而於諸漏心得解脫從是已後諸聲聞衆无

養百千万億諸佛淨脩梵行求阿耨多羅三
藐三菩提俱白佛言世尊是諸无量千万億
大德聲聞皆已成就世尊亦當為我等説阿
耨多羅三藐三菩提法我等聞已皆共脩學
世尊我等志願如來知見深心所念佛自證
知尒時轉輪聖王所將衆中八万億人見十
六王子出家亦求出家王即聽許尒時彼佛
受沙弥請過二万劫已乃於四衆之中説是
大乘經名妙法蓮華教菩薩法佛所護念説
是經已十六沙弥為阿耨多羅三藐三菩提
故皆共受持諷誦通利説是經時十　菩提
沙弥皆悉信受聲聞衆中亦有信解其餘
衆生千万億種皆生疑惑佛説是經於八千劫
未曾休廢説此經已即入靜室住於禪定八

衆生千万億種皆生疑惑佛說是經於八千劫
未曾休癈說此經已即入静室住於禪定八
万四千劫是時十六菩薩沙弥知佛入室寂
然禪定各昇法座亦於八万四千劫為四部
衆廣說分別妙法華經一一皆度六百万億
那由他恒河沙等衆生示教利喜令發阿耨
多羅三藐三菩提心大通智勝佛過八万四
千劫已從三昧起往詣法座安詳而坐普告
大衆是十六菩薩沙弥甚為希有諸根通利
智慧明了已曾供養无量千万億數諸佛於
諸佛所常脩梵行受持佛智開示衆生令入
其中汝等皆當數數親近而供養之所以者
何若聲聞辟支佛及諸菩薩能信是十六菩
薩所說經法受持不毁者是人皆當得阿耨

（19－15）

所化六百万億那由他恒河沙等衆生世世
所生與菩薩俱從其聞法悉皆信解以此因
緣得值四万億諸佛世尊于今不盡諸比丘
我今語汝彼佛弟子十六沙弥今皆得阿耨
多羅三藐三菩提於十方國土現在說法有
无量百千万億菩薩聲聞以為眷屬其二沙
弥東方作佛一名阿閦在歡喜國二名須弥
頂東南方二佛一名師子音二名師子相南
方二佛一名虛空住二名常滅西南方二佛
一名帝相二名梵相西方二佛一名阿弥陀
二名度一切世間苦惱西北方二佛一名多
摩羅跋栴檀香神通二名須弥相北方二佛
一名雲自在二名雲自在王東北方佛名壞
一切世間怖畏第十六我釋迦牟尼佛於娑

一切世間怖畏第十六我釋迦牟尼佛於娑
婆國土成阿耨多羅三藐三菩提諸比丘我
等為沙彌時各各教化无量百千万億恒河
沙等衆生從我聞法為阿耨多羅三藐三菩
提此諸衆生于今有住聲聞地者我常教化
阿耨多羅三藐三菩提是諸人等應以是法
漸入佛道所以者何如來智慧難信難解尒
時所化无量恒河沙等衆生者汝等諸比丘
及我滅度後未來世中聲聞弟子是也我滅
度後復有弟子不聞是經不知不覺菩薩所
行自於所得功德生滅度想當入涅槃我於
餘國作佛更有異名是人雖生滅度之想入
於涅槃而於彼土求佛智慧得聞是經唯以
佛乘而得滅度更无餘乘除諸如來方便說法

及聲聞眾為說是經世間无有二乘而得滅
度唯一佛乘得滅度耳比丘當知如來方便
深入眾生之性知其志樂小法深著五欲為
是等故說於涅槃是人若聞則便信受譬如
五百由旬險難惡道曠絕无人怖畏之處若
有多眾欲過此道至珎寶處有一導師聰慧
明達善知險道通塞之相將導眾人欲過此
難所將人眾中路懈退白導師言我等疲極
而復怖畏不能復進前路猶遠今欲退還導
師多諸方便而作是念此等可愍云何捨大
珎寶而欲退還作是念已以方便力於險道
中過三百由旬化作一城告眾人言汝等勿
怖莫得退還今此大城可於中止隨意所作
若入是城快得安隱若能前至寶所亦可得

怖莫得退還今此大城可於中止隨意所作
若入是城快得安隱若能前至寶所亦可得
去是時疲極之衆心大歡喜歎未曾有我等
今者免斯惡道快得安隱於是衆人前入化
城生已度想生安隱想尒時導師知此人衆
既得止息无復疲惓即滅化城語衆人言汝
等去來寶處在近向者大城我所化作爲止
息耳諸比丘如來亦復如是今爲汝等作大
導師知諸生死煩惱惡道險難長遠應去應
度若衆生但聞一佛乘者則不欲見佛不欲
親近便作是念佛道長遠久受勤苦乃可得
成佛知是心怯弱下劣以方便力而於中道
爲止息故說二涅槃若衆生住於二地如來
尒時即便爲說汝等所作未辦汝所住地近

道師爲止息故化作大城既知息已而告之
言寶處在近此城非實我化作耳尒時世尊
欲重宣此義而說偈言
大通智勝佛　十劫坐道場　佛法不現前　不得成佛道
諸天神龍王　阿脩羅衆等　常雨於天華　以供養彼佛
諸天擊天鼓　并作衆伎樂　香風吹萎華　更雨新好者
過十小劫已　乃得成佛道　諸天及世人　心皆懷踊躍
彼佛十六子　皆與其眷屬　千万億圍繞　俱行至佛所
頭面礼佛足　而請轉法輪　聖師子法雨　充我及一切
世尊甚難值　久遠時一現　爲覺悟群生　震動於一切
東方諸世界　五百万億國　梵宮殿光曜　昔所未曾有
諸梵見此相　尋來至佛所　散華以供養　并奉上宮殿
請佛轉法輪　以偈而讚歎　佛知時未至　受請嘿然坐
三方及四維　上下亦復尒　散華奉宮殿　請佛轉法輪

請佛轉法輪　以偈而讚歎　佛知時未至　受請嘿然坐
三方及四維　上下亦復尒　散華奉宮殿　請佛轉法輪
世尊甚難值　願以大慈悲　廣開甘露門　轉无上法輪
无量慧世尊　受彼衆人請　為宣種種法　四諦十二緣
无明至老死　皆從生緣有　如是衆過患　汝等應當知
宣暢是法時　六百万億姟　得盡諸苦際　皆成阿羅漢
第二說法時　千万恒沙衆　於諸法不受　亦得阿羅漢
從是後得道　其數无有量　万億劫筭數　不能得其邊
時十六王子　出家作沙弥　皆共請彼佛　演說大乘法
我等及營從　皆當成佛道　願得如世尊　慧眼第一淨
佛知童子心　宿世之所行　以无量因緣　種種諸譬喻
說六波羅蜜　及諸神通事　分別真實法　菩薩所行道
說是法華經　如恒河沙偈　彼佛說經已　靜室入禪定
一心一處坐　八万四千劫　是諸沙弥等　知佛禪未出
為无量億衆　說佛无上慧　各各坐法座　說是大乘經

有六百万億　恒河沙等衆　彼佛滅度後　是諸聞法者
在在諸佛土　常與師俱生　是十六沙弥　具足行佛道
今現在十方　各得成正覺　尒時聞法者　各在諸佛所
其有住聲聞　漸教以佛道　我在十六數　曾亦為汝說
是故以方便　引汝趣佛慧　以是本因緣　今說法華經
令汝入佛道　慎勿懷驚懼　譬如險惡道　迥絕多毒獸
又復无水草　人所怖畏處　无數千万衆　欲過此險道
其路甚曠遠　經五百由旬　時有一導師　強識有智慧
明了心決定　在險濟衆難　衆人皆疲惓　而白導師言
我等今頓乏　於此欲退還　導師作是念　此輩甚可愍
如何欲退還　而失大珎寶　尋時思方便　當設神通力
化作大城郭　莊嚴諸舍宅　周帀有園林　渠流及浴池
重門高樓閣　男女皆充滿　即作是化已　慰衆言勿懼
汝等入此城　各可隨所樂　諸人既入城　心皆大歡喜

汝等入此城　各可隨所樂　諸人既入城　心皆大歡喜
皆生安隱想　自謂已得度　導師知息已　集衆而告言
汝等當前進　此是化城耳　我見汝疲極　中路欲退還
故以方便力　權化作此城　汝今勤精進　當共至寶所
我亦復如是　為一切導師　見諸求道者　中路而懈廢
不能度生死　煩惱諸險道　故以方便力　為息說涅槃
言汝等苦滅　所作皆已辦　既知到涅槃　皆得阿羅漢
尒乃集大衆　為說真實法　諸佛方便力　分別說三乘
唯有一佛乘　息處故說二　今為汝說實　汝所得非滅
為佛一切智　當發大精進　汝説一切智　十力等佛法
具三十二相　乃是真實滅　諸佛之導師　為息說涅槃
既知是息已　引入於佛慧

妙法蓮華經卷第三

BD00241 妙法蓮華經卷四

（後秦）鳩摩羅什 譯

554.4cm × 26.7cm

人中亦最第一又於諸佛所說空法明
達得四无㝵智常能審諦清淨說法无有疑
惑具足菩薩神通之力隨其壽常脩梵行
彼佛世人咸皆謂之實是聲聞而富樓那以斯
方便饒益无量百千衆生又化无量阿僧祇
祇人令立阿耨多羅三藐三菩提為淨佛土
故常作佛事教化衆生諸比丘富樓那亦於
七佛說法人中而得第一今於我所說法人中
亦為第一於賢劫中當來諸佛說法人
中亦復第一而皆護持助宣佛法亦於未來
護持助宣无量无邊諸佛之法教化饒益无
量衆生令立阿耨多羅三藐三菩提為淨佛

三藐三菩提号曰法明如來應供正遍知明
行足善逝世間解无上士調御丈夫天人師
佛世尊其佛以恒河沙等三千大千世界為
一佛土七寶為地地平如掌无有山陵谿澗溝
壑七寶臺觀充滿其中諸天宮殿近處虛
空人天交接兩得相見无諸惡道亦无女人
一切衆生皆以化生无有婬欲得大神通身
出光明飛行自在志念堅固精進智慧普皆
金色三十二相而自莊嚴其國衆生常以二
食一者法喜食二者禪悅食有无量阿僧祇
千万億那由他諸菩薩衆得大神通四无礙
智善能教化衆生之類其聲聞衆算數校計
所不能知皆得具足六通三明及八解脫其
佛國土有如是等无量功德莊嚴成就劫名

BD00241　妙法蓮華經卷四

所不能知皆得具足六通三明及八解脫其
佛國土有如是等无量功德莊嚴成就劫名
寶明國名善淨其佛壽命无量阿僧祇劫法
住甚久佛滅度後起七寶塔遍滿其國尒時
世尊欲重宣此義而說偈言

諸比丘諦聽　佛子所行道　善學方便故　不可得思議
知眾樂小法　而畏於大智　是故諸菩薩　作聲聞緣覺
以无數方便　化諸眾生類　自說是聲聞　去佛道甚遠
度脫无量眾　皆悉得成就　雖小欲懈怠　漸當令作佛
內祕菩薩行　外現是聲聞　少欲厭生死　實自淨佛土
示眾有三毒　又現邪見相　我弟子如是　方便度眾生
若我具足說　種種現化事　眾生聞是者　心則懷疑惑
今此富樓那　於昔千億佛　勤修所行道　宣護諸佛法

已度大神通　具四无礙智　知衆根利鈍　常說清淨法
演暢如是義　教諸千億衆　令住大乘法　而自淨佛土
未來亦供養　无量无數佛　護助宣正法　亦自淨佛土
常以諸方便　說法无所畏　度不可計衆　成就一切智
供養諸如來　護持法寶藏　其後當作佛　號名曰法明
其國名善淨　七寶所合成　劫名為寶明　菩薩衆甚多
其數无量億　皆度大神通　威德力具足　充滿其國土
聲聞亦无數　三明八解脫　得四无㝵智　以是等為僧
其國諸衆生　婬欲皆已斷　純一變化生　具相莊嚴身
法喜禪悅食　更无餘食想　无有諸女人　亦无諸惡道
富樓那比丘　功德悉成滿　當得斯淨土　賢聖甚衆多
如是无量事　我今但略說
尒時千二百阿羅漢心自在者作是念我等

如是大智慧　我今但略說

尒時千二百阿羅漢心自在者作是念我等
歡喜得未曾有若世尊各見授記如餘大
弟子者不亦快乎佛知此等心之所念告摩
訶迦葉是千二百阿羅漢我今當現前次第與
受阿耨多羅三藐三菩提記於此衆中我大
弟子憍陳如比丘當供養六萬二千億佛然
後得成為佛号曰普明如來應供正遍知明
行足善逝世間解无上士調御丈夫天人師佛
世尊其五百阿羅漢優樓頻螺迦葉伽耶迦
葉那提迦葉迦留陁夷優陁夷阿㝹樓䭾
離婆多劫賓那薄拘羅周陁莎伽陁等皆當
得阿耨多羅三藐三菩提盡同一号名曰普
明尒時世尊欲重宣此義而說偈言

常說无上道　故号為普明　其國土清淨　菩薩皆勇猛
咸昇妙樓閣　遊諸十方國　以无上供具　奉獻於諸佛
作是供養已　心懷大歡喜　須臾還本國　有如是神力
佛壽六萬劫　正法住倍壽　像法復倍是　法滅天人憂
其五百比丘　次第當作佛　同号曰普明　轉次而授記
我滅度之後　某甲當作佛　其所化世間　亦如我今日
國土之嚴淨　及諸神通力　菩薩聲聞衆　正法及像法
壽命劫多少　皆如上所說　迦葉汝已知　五百自在者
餘諸聲聞衆　亦當復如是　其不在此會　汝當為宣說
尒時五百阿羅漢於佛前得授記已歡喜踊
躍即從座起到於佛前頭面礼足悔過自責
世尊我等常作是念自謂已得究竟滅度今
乃知之如无智者所以者何我等應得如來
智慧而便自以小智為足世尊譬如有人至

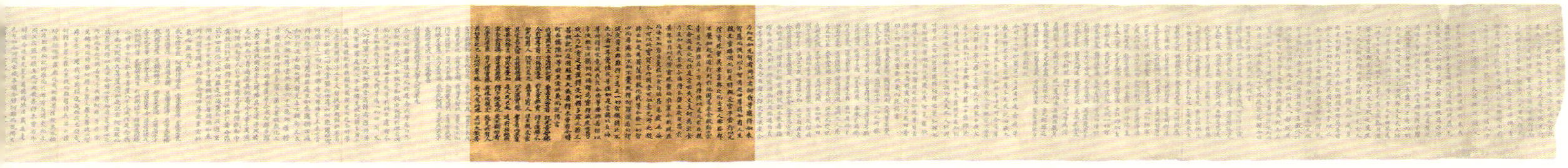

乃知之如无智者所以者何我等應得如來
智慧而便自以小智為足世尊譬如有人至
親友家醉酒而卧是時親友官事當行以无
價寶珠繫其衣裏與之而去其人醉卧都
不覺知起已遊行到於他國為衣食故勤力求
索甚大艱難若少有所得便以為足於後親
友會遇見之而作是言咄哉丈夫何為衣食
乃至如是我昔欲令汝得安樂五欲自恣於
某年日月以无價寶珠繫汝衣裏今故現在
而汝不知勤苦憂惱以求自活甚為癡也汝
今可以此寶貿易所須常可如意无所乏短
佛亦如是為菩薩時教化我等令發一切智
心而尋廢忘不知不覺既得阿羅漢道自謂

等所得非究竟滅我久令汝等種佛善根以
方便故示涅槃相而汝謂爲實得滅度世尊
我今乃知實是菩薩得受阿耨多羅三藐三
菩提記以是因緣甚大歡喜得未曾有尒時
阿若憍陳如等欲重宣此義而說偈言
我等聞无上　安隱授記聲　歡喜未曾有　礼无量智佛
今於世尊前　自悔諸過咎　於无量佛寶　得少涅槃分
如无智愚人　便自以爲足　譬如貧窮人　往至親友家
其家甚大富　具設諸餚饍　以无價寶珠　繫着內衣裏
默與而捨去　時卧不覺知　是人既已起　遊行詣他國
求衣食自濟　資生甚艱難　得少便爲足　更不願好者
不覺內衣裏　有无價寶珠　與珠之親友　後見此貧人
苦切責之已　示以所繫珠　貧人見此珠　其心大歡喜

苦切責之已 示以所繫珠 貧人見此珠 其心大歡喜
富有諸財物 五欲而自恣 我等亦如是 世尊於長夜
常愍見教化 令種无上願 我等无智故 不覺亦不知
得少涅槃分 自足不求餘 今佛覺悟我 言非實滅度
得佛无上慧 尒乃為真滅 我今從佛聞 受記莊嚴事
及轉次受决 身心遍歡喜

妙法蓮華經授學无學人記品第九

尒時阿難羅睺羅而作是念 我等每自思
惟設得受記不亦快乎 即從座起到於佛前頭
面禮足俱白佛言 世尊我等於此亦應有分
唯有如來我等所歸 又我等為一切世間天
人阿修羅所見知識 阿難常為侍者護持法
藏羅睺羅是佛之子 若佛見授阿耨多羅三

到於佛前一心合掌瞻仰世尊如阿難羅睺羅
所願住立一面尒時佛告阿難汝於來世當
得作佛号山海慧自在通王如來應供正遍
知明行足善逝世間解无上士調御丈夫
天人師佛世尊當供養六十二億佛護持
法藏然後得阿耨多羅三藐三菩提教化二
十千萬億恒河沙諸菩薩等令成阿耨多羅
三藐三菩提國名常立勝幡其土清淨瑠璃
為地劫名妙音遍滿其佛壽命无量千萬億
阿僧祇劫若人於千萬億无量阿僧祇劫中
算數校計不能得知正法住世倍於壽命像
法住世復倍正法阿難是山海慧自在通王
佛為十方无量千万億恒河沙等諸佛如來
所共讚歎稱其功德尒時世尊欲重宣此

佛爲十方无量千万億恒河沙等諸佛如來
所共讚嘆稱其功德尒時世尊欲重宣此
義而說偈言
我今僧中說　阿難持法者　當供養諸佛　然後成正覺
号曰山海慧　自在通王佛　其國土清淨　名常立勝幡
教化諸菩薩　其數如恒沙　佛有大威德　名聞滿十方
壽命无有量　以愍衆生故　正法倍壽命　像法復倍是
如恒河沙等　无數諸衆生　於此佛法中　種佛道因緣
尒時會中新發意菩薩八千人咸作是念我
等尚不聞諸大菩薩得如是記有何因緣而
諸聲聞得如是決尒時世尊知諸菩薩心之
所念而告之曰諸善男子我與阿難等於空
王佛所同時發阿耨多羅三藐三菩提心阿

將衆諸佛法藏教化成就諸菩薩衆其本願
如是故獲斯記阿難面於佛前自聞受記及
國土莊嚴所願具足心大歡喜得未曾有即
時憶念過去无量千萬億諸佛法藏通達
无㝵如今所聞亦識本願尒時阿難而說偈言
世尊甚希有　令我念過去　无量諸佛法　如今日所聞
我今无所疑　安住於佛道　方便為侍者　護持諸佛法
尒時佛告羅睺羅汝於來世當得作佛号蹈
七寶華如來應供正遍知明行足善逝世間
解无上士調御丈夫天人師佛世尊當供養
十世界微塵等數諸佛如來常諸佛而作
長子猶如今也是蹈七寶華佛國土莊嚴壽
命劫數所化弟子正法像法亦如山海慧自

命劫數所化弟子正法像法亦如山海慧自
在通王如來无異亦爲此佛而作長子過是
已後當得阿耨多羅三藐三菩提尒時世尊
欲重宣此義而說偈言
我爲太子時　羅睺爲長子　我今成佛道　受法爲法子
於未來世中　見无量億佛　皆爲其長子　一心求佛道
羅睺羅密行　唯我能知之　現爲我長子　以示諸衆生
无量億十方　功德不可數　安住於佛法　以求无上道
尒時世尊見學无學二千人其意柔軟寂然
清淨一心觀佛佛告阿難汝見是學无學二
千人不唯然已見阿難是諸人等當供養
五十世界微塵數諸佛如來恭敬尊重護持
法藏末後同時於十方國各得成佛皆同一号

一切國土莊嚴聲聞菩薩正法像法皆悉同
等尒時世尊欲重宣此義而說偈言
是二千聲聞　今於我前住　悉皆與受記　未來當成佛
所供養諸佛　如上說塵數　護持其法藏　後當成正覺
各於十方國　悉同一名号　俱時坐道場　以證无上慧
皆名為寶相　國土及弟子　正法與像法　悉等无有異
咸以諸神通　度十方衆生　名聞普周遍　漸入於涅槃
尒時學无學二千人聞佛授記歡喜踊躍而
說偈言
世尊慧燈明　我聞授記音　心歡喜充滿　如甘露見灌
妙法蓮華經法師品第十
尒時世尊因藥王菩薩告八萬大士藥王汝
見是大衆中无量諸天龍王夜叉乾闥婆阿
脩羅迦樓羅緊那羅摩睺羅伽人與非人及

見是大衆中无量諸天龍王夜叉乾闥婆阿
脩羅迦樓羅緊那羅摩睺羅伽人與非人及
比丘比丘尼優婆塞優婆夷求聲聞者求辟
支佛者求佛道者如是等類咸於佛前聞
妙法華經一偈一句乃至一念隨喜者我皆與
授記當得阿耨多羅三藐三菩提佛告藥王
又如來滅度之後若有人聞妙法華經乃至
一偈一句一念隨喜者我亦與授阿耨多羅
三藐三菩提記若復有人受持讀誦解說書
寫妙法華經乃至一偈於此經卷敬視如佛
種種供養華香瓔珞末香塗香燒香繒蓋幢
幡衣服伎樂乃至合掌恭敬藥王當知是諸
人等已曾供養十万億佛於諸佛所成就大
願愍衆生故生此人間藥王若有人問何等

於法華經乃至一句受持讀誦解說書寫種
種供養經卷華香瓔珞末香塗香燒香繒蓋
幢幡衣服伎樂合掌恭敬是人一切世間所
應瞻奉應以如來供養而供養之當知此人
是大菩薩成就阿耨多羅三藐三菩提哀愍
衆生願生此間廣演分別妙法華經何況盡
能受持種種供養者藥王當知是人自捨清
淨業報於我滅度後愍衆生故生於惡世廣
演此經若是善男子善女人我滅度後能竊
為一人說法華經乃至一句當知是人則如來
使如來所遣行如來事何況於大衆中廣為
人說藥王若有惡人以不善心於一劫中
現於佛前常毀罵佛其罪尚輕若人以一惡

現於佛前常毀罵佛其罪尚輕若人以一惡
言毀呰在家出家讀誦法華經者其罪甚重
藥王其有讀誦法華經者當知是人以佛莊
嚴而自莊嚴則為如來肩所荷擔其所至方
應隨向禮一心合掌恭敬供養尊重讚歎華
香瓔珞末香塗香燒香繒蓋幢幡衣服餚饌
作諸伎樂人中上供而供養之應持天寶而
以散之天上寶聚應以奉獻所以者何是人
歡喜說法須臾聞之即得究竟阿耨多羅三
藐三菩提故尒時世尊欲重宣此義而說偈言
若欲住佛道　成就自然智　常當勤供養　受持法華者
其有欲疾得　一切種智慧　當受持是經　并供養持者
若有能受持　妙法華經者　當知佛所使　愍念諸衆生

[illegible]

應以天華香　及天寶衣服　天上妙寶聚　供養說法者

吾滅後惡世　能持是經者　當合掌礼敬　如供養世尊

上饌衆甘美　及種種衣服　供養是佛子　冀得須臾聞

若能於後世　受持是經者　我遣在人中　行於如來事

若於一劫中　常懷不善心　作色而罵佛　獲无量重罪

其有讀誦持　是法華經者　須臾加惡言　其罪復過彼

有人求佛道　而於一劫中　合掌在我前　以无數偈讚

由是諸佛故　得无量功德　嘆美持經者　其福復過彼

於十八億劫　以最妙色聲　及與香味觸　供養持經者

如是供養已　若得須臾聞　則應自欣慶　我今獲大利

藥王今告汝　我所說諸經　而於此經中　法華最第一

尒時佛復告藥王菩薩摩訶薩我所說經典

无量千万億已說今說當說而於其中此法

无量千万億已說今說當說而於其中此法
華經最為難信難解藥王此經是諸佛秘要
之藏不可分布妄授與人諸佛世尊之所守護
從昔已来未曾顯說而此經者如来現在猶
多怨嫉况滅度後藥王當知如来滅後其能
書持讀誦供養為他人說者如来則為以
衣覆之又為他方現在諸佛之所護念是人
有大信力及志願力諸善根力當知是人與
如来共宿則為如来手摩其頭藥王在在處
處若說若讀若誦若書若經卷所住處皆應
起七寶塔極令高廣嚴飾不須復安舍利所
以者何此中已有如来全身此塔應以一切華
香瓔珞繒蓋幢幡伎樂歌頌供養恭敬尊重

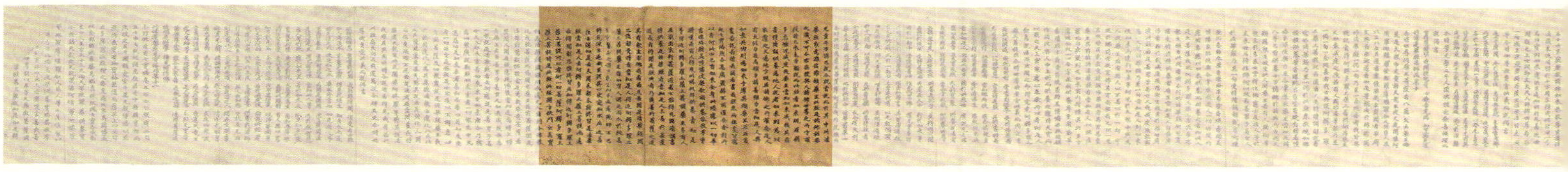

在家出家行菩薩道若不能得見聞讀誦書
持供養是法華經者當知是人未善行菩薩
道若有得聞是經典者乃能善行菩薩之道
其有衆生求佛道者若見若聞是法華經聞
已信解受持者當知是人得近阿耨多羅三
藐三菩提藥王譬如有人渴乏須水於彼高
原穿鑿求之猶見乾土知水尚遠施功不已
轉見濕土遂漸至泥其心決定知水必近菩
薩亦復如是若未聞未解未能修習是法華
經當知是人去阿耨多羅三藐三菩提尚遠
若得聞解思惟修習必知得近阿耨多羅三
藐三菩提所以者何一切菩薩阿耨多羅三
藐三菩提皆屬此經此經開方便門示真實

BD00241　妙法蓮華經卷四

耨三菩提所以者何一切菩薩阿耨多羅三
藐三菩提皆屬此經此經開方便門示真實
相是法華經藏深固幽遠无人能到今佛教
化成就菩薩而為開示藥王若有菩薩聞是
法華經驚疑怖畏當知是為新發意菩薩若
聲聞人聞是經驚疑怖畏當知是為增上慢
者藥王若有善男子善女人如來滅後欲為
四衆說是法華經者云何應說是善男子善
女人入如來室著如來衣坐如來座尒乃應
為四衆廣說斯經如來室者一切衆生中大
慈悲心是如來衣者柔和忍辱心是如來座
者一切法空是安住是中然後以不懈怠心
為諸菩薩及四衆廣說是法華經藥王我
於餘國遣化人為其集聽法衆亦遣化比丘比

法信受隨順不逆若說法者在空閑處我時
廣遣天龍鬼神乾闥婆阿修羅等聽其說法
我雖在異國時時令說法者得見我身若於
此經忘失句逗我還為說令得具足尔時世
尊欲重宣此義而說偈言
欲捨諸懈怠　應當聽此經　是經難得聞　信受者亦難
如人渴須水　穿鑿於高原　猶見乾燥土　知去水尚遠
漸見濕土泥　決定知近水　藥王汝當知　如是諸人等
不聞法華經　去佛智甚遠　若聞是深經　決了聲聞法
是諸經之王　聞已諦思惟　當知此人等　近於佛智慧
若人說此經　應入如來室　著於如來衣　而坐如來座
處衆无所畏　廣為分別說　大慈悲為室　柔和忍辱衣
諸法空為座　處此為說法　若說此經時　有人惡口罵
加刀杖瓦石　念佛故應忍　我千萬億土　現淨堅固身

諸法空為座　處此為說法　若說此經時　有人惡口罵
加刀杖瓦石　念佛故應忍　我千萬億土　現淨堅固身
於无量億劫　為衆生說法　若我滅度後　能說此經者
我遣化四衆　比丘比丘尼　及清信士女　供養於法師
引導諸衆生　集之令聽法　若人欲加惡　刀杖及瓦石
則遣變化人　為之作衛護　若說法之人　獨在空閑處
寂寞无人聲　讀誦此經典　我尒時為現　清淨光明身
若忘失章句　為說令通利　若人具是德　或為四衆說
空處讀誦經　皆得見我身　若人在空閑　我遣天龍王
夜叉鬼神等　為作聽法衆　是人樂說法　分別无罣㝵
諸佛護念故　能令大衆喜　若親近法師　速得菩薩道
隨順是師學　得見恒沙佛

妙法蓮華經見寶塔品第十一

尒時佛前有七寶塔高五百由旬縱廣二百

嚴飾垂寶瓔珞寶鈴萬億而懸其上四面皆
出多摩羅跋栴檀之香充遍世界其諸幡蓋
以金銀琉璃車𤦲馬瑙真珠玫瑰七寶合成高
至四天王宮三十三天雨天曼陁羅華供養寶
塔餘諸天龍夜叉乾闥婆阿脩羅迦樓羅
緊那羅摩睺羅伽人非人等千萬億眾以
華香瓔珞幡蓋伎樂供養寶塔恭敬尊
爾時寶塔中出大音聲嘆言善哉善
世尊能以平等大慧教菩薩法
華經為大眾說如是如是釋

BD00242　無量壽宗要經（甲本）

204cm × 30.4cm

多羅三藐三菩
壽大限百年於中殀枉横死者衆
衆生得聞名号若自書或使人書能
處以種種花鬘瓔珞塗香末香而為供養
曼殊若有衆生得聞是无量壽智
永生大命將盡憶念是如来名号更

曼殊若有善男子善女人欲求長壽於是无量壽如来一百八名号
聞者或自書若使人書受持讀誦得如是壽果報福德具足陁羅尼曰
謨薄伽勃底一阿波唎蜜多二阿喻紇硯那三須毗你悉指陁四囉佐耶五怛他羯
姪他唵七薩婆桑悉迦羅八波唎輸底九達磨底十伽伽那十一莎訶其持迦底
陁婆婆毗輸底十三摩訶娜耶十四波唎婆羅莎訶十五
尊復告曼殊室利如是如来一百八名若有自書或使人書為經卷受持讀誦
壽命盡復滿百年壽終此身後得往生无量福智世界无量壽淨土陁羅尼曰
謨薄伽勃底一阿波唎蜜多二阿喻紇硯那三須毗你悉指陁四囉佐耶五怛他羯他耶六
姪他唵七薩婆桑悉迦羅八波唎輸底九達磨底十伽伽那十一莎訶其持迦底十二
娑婆毗輸底十三摩訶娜耶十四波唎婆羅莎訶十五
尒時有九十九殑伽佛等一時同聲説是无量壽宗要經陁羅尼曰

尒時有九十九姟佛等一時同聲說是无量壽宗要經陁羅尼曰
南謨薄伽勃底一 阿波唎蜜多二 阿喻紇硯娜三 須毗你悉指陁四 囉佐耶五 怛他羯他耶六
怛姪他唵七 薩婆桑悉迦囉八 波唎輸底九 達磨底十 伽迦娜十一 莎訶某持迦底十二
薩婆婆毗輸底十三 摩訶娜耶十四 波唎婆囉莎訶十五
尒時復有一百四姟佛一時同聲說是无量壽宗要經陁羅尼曰
南謨薄伽勃底一 阿波唎蜜多二 阿喻紇硯娜三 須毗你悉指陁四 囉佐耶五 怛他羯他耶六
怛姪他唵七 薩婆桑悉迦羅八 波唎輸底九 達磨底十 伽迦娜十一 莎訶某持迦底十二
薩婆毗輸底十三 摩訶娜耶十四 波唎輸底十五
尒時復有七姟佛一時同聲說是无量壽宗要經陁羅尼曰
南謨薄伽勃底一 阿波唎蜜多二 阿喻紇硯娜三 須毗你悉指陁四 囉佐耶五 怛他羯他耶六
怛姪他唵七 薩婆桑悉迦囉八 波唎輸底九 達磨底十 伽迦娜十一 莎訶某持迦底十二
薩婆婆毗輸底十三 摩訶娜耶十四 波唎婆囉莎訶十五
尒時復有六十五姟佛一時同聲說是无量壽宗要經陁羅尼曰
南謨薄伽勃底一 阿波唎蜜多二 阿喻紇硯娜三 須毗你悉指陁四 囉佐耶五 怛他羯耶六
怛姪他唵七 薩婆桑悉迦囉八 波唎輸底九 達磨底十 伽迦娜十一 莎訶某持迦底十二
薩婆婆毗輸底十三 摩訶娜耶十四 波唎婆囉莎訶十五

薩婆毗輸底十三 摩訶娜耶十四 波唎婆囉莎訶十五
尒時復有五十五殑佛一時同聲說无量壽宗要經陁羅尼曰
南謨薄伽勃底一 阿波蜜多二 阿喻紇硯娜三 須毗你悉指陁四 囉佐耶五 怛他羯他耶六
怛姪他唵七 薩婆桑悉迦囉八 波唎輸底九 達磨底十 伽伽娜十一 莎訶某持伽底十二
薩婆婆毗輸底十三 摩訶娜耶十四 波唎婆囉莎訶
尒時復有四十五殑佛一時同聲說是无量壽宗要經陁羅尼曰
南謨薄伽勃底一 阿波唎蜜多二 阿喻紇硯娜三 須毗你悉指陁四 囉佐耶五 怛他羯他耶六
怛姪他唵七 薩婆桑悉迦囉八 波唎輸底九 達磨底十 伽伽娜十一 莎訶某持伽底十二
薩婆婆毗輸底十三 摩訶娜耶十四 波唎婆囉莎訶十五
尒時復有三十六殑佛一時同聲說是无量壽宗要經陁羅尼曰
南謨薄伽勃底一 阿波唎蜜多二 阿喻紇硯娜三 須毗你悉指陁四 囉佐耶五 怛他羯他耶六
怛姪他唵七 薩婆桑悉迦囉八 波唎輸底九 達磨底十 伽伽娜十一 莎訶某持伽底十二
薩婆婆毗輸底十三 摩訶娜耶十四 波唎婆囉莎訶十五
尒時復有二十五殑佛一時同聲說是无量壽宗要經陁羅尼曰
南謨薄伽勃底一 阿波唎蜜多二 阿喻紇硯娜三 須毗你悉指陁四 囉佐耶五 怛他羯他耶六
怛姪他唵七 薩婆桑悉迦囉八 波唎輸底九 達磨底十 伽伽娜十一 莎訶某持伽底十二
薩婆婆毗輸底十三 摩訶娜耶十四 波唎婆囉莎訶十五

薩婆婆毗輸底十三 摩訶娜耶十四 波唎婆囉莎訶十五
尒時復有恒河沙殑伽佛一時同聲說是无量壽宗要經陀羅尼曰
南謨薄伽勃底一 阿波唎蜜多二 阿諭紇硯娜三 須毗你悉指陀四 囉佐耶五 怛他羯他耶六
怛姪他唵七 薩婆桑悉迦囉八 波唎輸底九 達磨底十 伽迦娜十一 莎訶某持迦底十二
薩婆婆毗輸底十三 摩訶娜耶十四 波唎婆囉莎訶十五
善男子若有自書寫教人書寫是无量壽宗要經如其命盡復得長壽而滿年陀
羅尼曰 南謨薄伽勃底一 阿波唎蜜多二 阿諭紇硯娜三 須毗你悉指陀四 囉佐耶五
怛他羯他耶六 怛姪他唵七 薩婆桑悉迦囉八 波唎輸底九 達磨底十 伽迦娜十一 莎訶某持
迦底十二 薩婆婆毗輸底十三 摩訶娜耶十四 波唎婆囉莎訶十五
若有自書寫教人書寫是无量壽宗要經讀誦受持畢竟不墮獄在在所生得宿命智
陀羅尼曰 南謨薄伽勃底一 阿波唎蜜多二 阿諭紇硯娜三 須毗你悉指陀四 囉佐耶五 怛他
羯他耶六 怛姪他唵七 薩婆桑悉迦囉八 波唎輸底九 達磨底十 伽迦娜十一 莎訶某持迦底十二
薩婆婆毗輸底十三 摩訶娜耶十四 波唎婆囉莎訶十五
若有自書寫教人書寫是无量壽宗要經受持讀誦如同書寫八万四千一切經典陀羅尼
曰 南謨薄伽勃底一 阿波唎蜜多二 阿諭紇硯娜三 須毗你悉指陀四 囉佐耶五 怛他羯他耶六
怛姪他唵七 薩婆桑悉迦囉八 波唎輸底九 達磨底十 伽迦娜十一 莎訶某持迦底十二 薩婆婆
毗輸底十三 摩訶娜耶十四 波唎婆囉莎訶十五

怛姪他唵一 薩婆桒悉迦囉八 波唎輸底九 達磨底十 伽迦娜十一 莎訶某持迦底十二 薩婆婆
毗輸底十三 摩訶娜耶十四 波唎婆羅莎訶十五
若有自書寫教人書寫是无量壽宗要經即是書寫八万四千部建立塔廟陁羅尼曰
南謨薄伽勃底一 阿波唎蜜多二 阿喻紇硯娜三 須毗你悉栺陁四 羅佐耶五 怛他羯他耶六
怛姪他唵七 薩婆桒悉迦囉八 波唎輸底九 達磨底十 伽迦娜十一 莎訶某持迦底十二 薩婆婆
毗輸底十三 摩訶娜耶十四 波唎婆羅莎訶十五
若有自書寫教人書寫是无量壽宗要經能消五无間等一切重罪陁羅尼曰
南謨薄伽勃底一 阿波唎蜜多二 阿喻紇硯娜三 須毗你悉栺阿四 羅佐耶五 怛他羯他耶六
怛姪他唵七 薩婆桒悉迦囉八 波唎輸底九 達磨底十 伽迦娜十一 莎訶某持迦底十二
薩婆婆毗輸底十三 摩訶娜耶十四 波唎婆羅莎訶十五
若有自書寫教人書寫是无量壽宗要經受持讀誦設有重罪猶如須弥盡能除
滅陁羅尼曰 南謨薄伽勃底一 阿波唎蜜多二 阿喻紇硯娜三 須毗你悉栺陁四 羅佐耶五
怛他羯他耶六 怛姪他唵七 薩婆桒悉迦囉八 波唎輸底九 達磨底十 伽迦娜十一 莎訶某持迦底十二
薩婆婆毗輸底十三 摩訶娜耶十四 波唎婆羅莎訶十五
若有自書寫是无量壽宗要經受持讀誦若魔魔之眷屬夜叉羅剎不得其便終无
枉死陁羅尼曰 南謨薄伽勃底一 阿波唎蜜多二 阿喻紇硯娜三 須毗你悉栺陁四 羅佐耶五
怛他羯他唵七 薩婆桒悉迦囉八 波唎輸底九 達磨底十 伽迦娜十一 莎訶某持迦底十二 薩婆

怛他羯他奄 薩婆桒悉迦囉 波唎輸底 達磨底 伽迦娜 莎訶其持迦底 薩婆

婆毗輸底十三 摩訶娜耶十四 波唎婆𠸪莎訶十五

若有自書寫教人書寫是无量壽宗要經受持讀誦當命終時有九十九殑伽佛現其人前來迎千佛授手能遊一切佛剎莫於此經生於疑惑陁羅尼日

南謨薄伽勃底一 阿波唎蜜多二 阿喻紇硯娜三 須毗你悉指陁四 囉佐耶五 怛他羯他耶六 怛姪他唵七 薩婆桒悉迦羅八 波唎輸底九 達磨底十 伽迦娜十一 莎訶其持迦底十二 薩婆婆毗輸底十三 摩訶娜耶十四 波唎婆𠸪莎訶十五

若有自書寫教人書寫是无量壽宗要經受持讀誦常得四天大王隨其衛護陁羅尼日 南謨薄伽勃底一 阿波唎蜜多二 阿喻紇硯娜三 須毗你悉指陁四 囉佐耶五 怛他羯他耶六 怛姪他唵七 薩婆桒悉迦囉八 波囉輸底九 達磨底十 伽迦娜十一 莎訶其持迦底十二 薩婆婆毗輸底十三 摩訶娜耶十四 波唎婆𠸪莎訶十五

若有自書寫教人書寫是无量壽宗要經受持讀誦當得往生西方極樂世界阿彌陁佛土陁羅尼日 南謨薄伽勃底一 阿波唎蜜多二 阿喻紇硯娜三 須毗你悉指陁四 囉佐耶五 怛他羯他耶六 怛姪他唵七 薩婆桒悉迦囉八 波唎輸底九 達磨底十 伽迦娜十一 莎訶其持迦底十二 薩婆婆毗輸底十三 摩訶娜耶十四 波唎婆𠸪莎訶十五

若有方所自書寫是无量壽經典之處則為是塔皆應恭敬作礼若是畜生或為鳥獸得聞是經如是等類皆當不久得成一切種智陁羅尼日

鳥獸得聞是經如是等類皆當不久得成一切種智陁羅尼曰
南謨薄伽勃底一阿波唎蜜多二阿喻紇硯娜三須毗你悲栺陁四囉佐耶五怛他羯他耶六怛姪
他唵七薩婆桒悲迦羅八波唎輸底九達磨底十伽迦娜十一莎訶莑持迦底十二薩婆婆毗
輸底十三摩訶娜耶十四波唎婆囉莎訶十五
若有於是无量壽經自書寫若使人書畢竟不受女人之陁羅尼曰
南謨薄伽勃底一阿波唎蜜多二阿喻紇硯娜三須毗你悲栺陁四囉佐耶五怛他羯他耶六
怛姪他唵七薩婆婆桒迦悲囉八波唎輸底九達磨底十伽迦娜十一莎訶莑持迦底十二
薩婆婆毗輸底十三摩訶娜耶十四波唎婆囉莎訶十五
若有能於是經少分能惠施者等於三千世界滿中七寶布施陁羅尼曰
南謨薄伽勃底一阿波唎蜜多二阿喻紇硯娜三須毗你悲栺陁四囉佐耶五怛他羯他耶六
怛姪他唵七薩婆桒悲迦羅八波唎輸底九達磨底十伽迦娜十一莎訶莑持迦底十二
薩婆婆毗輸底十三摩訶娜耶十四波唎婆囉莎訶十五
若有能供養是經者則是供養一切諸經等无有異陁羅尼曰
南謨薄伽勃底一阿波唎蜜多二阿喻紇硯娜三須毗你悲栺陁羅耶五怛他羯他耶六
怛姪他唵七薩婆桒悲迦囉八波唎輸底九達磨底十伽迦娜十一莎訶莑持迦底十二
薩婆婆毗輸底十三摩訶娜耶十四波唎囉莎訶十五

薩婆婆毗輸底十三 摩訶娜耶十四 波唎嚩莎訶十五
如是毗婆尸佛尸弃佛毗舍浮佛俱留孫佛俱那含牟尼佛迦葉佛釋迦牟尼佛
若有人以七寶供養如是七佛其福有限書寫受持是无量壽經典所有功德不可限
量陁羅尼日 南謨薄伽勃底一 阿波唎蜜哆二 阿諭紇硯娜三 須毗你悉指陁四 囉他耶五
怛他羯他耶六 怛姪他唵七 薩婆桑悉迦囉八 波唎輸底九 達磨底十 伽迦娜十一 莎訶某持迦底十二
薩婆婆毗輸底十三 摩訶娜耶十四 波唎婆嚩莎訶十五
如是四大海水可知滴數是无量壽經典所生果報不可數量陁羅尼日
南謨薄伽勃底一 阿波唎蜜哆二 阿諭紇硯娜三 須毗你悉指陁四 囉佐耶五 怛他羯他耶六
怛姪他唵七 薩婆桑迦囉八 波唎輸底九 達磨底十 伽迦娜十一 莎訶某持迦底十二 薩婆
婆毗輸底十三 摩訶娜耶十四 波唎婆嚩莎訶十五
若有自書使人書寫是无量壽經典又能護持供養即如恭敬供養一切十方佛土如
来无有別異陁羅尼日
南謨薄伽勃底一 阿波唎蜜哆二 阿諭紇硯娜三 須毗你悉指陁四 囉佐耶五 怛他羯他耶六
怛姪他唵七 薩婆桑悉迦囉八 波唎輸底九 達磨底十 伽迦娜十一 莎訶某持迦底十二
薩婆婆毗輸底十三 摩訶娜耶十四 波唎婆嚩莎訶十五
布施力能成正覺 悟布施力師人子 布施力能聲普聞 慈悲階漸眾能入

布施力能成正覺　悟布施力師人子　布施力能聲普聞　慈悲階漸最能入
持戒力能成正覺　悟持戒力人師子　持戒力能聲普聞　慈悲階漸最能入
忍辱力能成正覺　悟忍辱力人師子　忍辱力能聲普聞　慈悲階漸最能入
精進力能成正覺　悟精進力人師子　精進力能聲普聞　慈悲階漸最能入
禪定力能成正覺　悟禪定力人師子　禪定力能聲普聞　慈悲階漸最能入
智慧力能成正覺　悟智慧力人師子　智慧力能聲普聞　慈悲階漸最能入
尒時如來說是經已一切世間天人阿脩羅揵闥婆等聞佛所說皆大歡喜信受奉行

佛說无量壽宗要經

李弁

BD00243 大般若波羅蜜多經卷七四

（唐）玄奘 譯

BD00243v 勘記

653.6cm × 25.9cm

羅蜜多入不二無妄法數淨戒安忍精進靜
慮般若波羅蜜多入不二無妄法數舍利子
四靜慮不異無生滅無生滅不異四靜慮四
靜慮即是無生滅無生滅即是四靜慮四無
量四無色定不異無生滅無生滅不異四無量
四無色定四無量四無色定即是無生滅無
生滅即是四無量四無色定舍利子由此緣故
我作是說四靜慮入不二無妄法數四
無量四無色定入不二無妄法數舍利子八
解脫不異無生滅無生滅不異八解脫八解脫
即是無生滅無生滅即是八解脫八勝處
九次第定十遍處不異無生滅無生滅不異
八勝處九次第定十遍處八勝處九次第定

八解脫入不二無妄法數八勝處九次第定
十遍處入不二無妄法數舍利子四念住不
異無生滅無生滅不異四念住四念住即是
無生滅無生滅即是四念住四正斷四神足
五根五力七等覺支八聖道支不異無生滅無
生滅不異四正斷乃至八聖道支四正斷
乃至八聖道支即是無生滅無生滅即是四
正斷乃至八聖道支舍利子由此緣故我作
是說四念住入不二無妄法數四正斷乃至
八聖道支入不二無妄法數舍利子空解脫
門不異無生滅無生滅不異空解脫門空解
脫門即是無生滅無生滅即是空解脫門無
相無願解脫門不異無生滅無生滅不異無

相無願解脫門不異無生滅無生滅不異無
相無願解脫門無相無願解脫門即是無生滅
無生滅即是無相無願解脫門舍利子由此
緣故我作是說空解脫門入不二無妄法數
無相無願解脫門入不二無妄法數舍利
子五眼不異無生滅無生滅不異五眼五眼
即是無生滅無生滅即是五眼六神通不異
無生滅無生滅不異六神通六神通即是無生
滅無生滅即是六神通舍利子由此緣故我
作是說五眼入不二無妄法數六神通入不
二無妄法數舍利子佛十力不異無生滅無
生滅不異佛十力佛十力即是無生滅無生
滅即是佛十力四無所畏四無礙解大慈

四無所畏乃至十八佛不共法即是無生滅
無生滅即是四無所畏乃至十八佛不共法
舍利子由此緣故我作是說佛十力入不二
無妄法數四無所畏乃至十八佛不共法入
不二無妄法數舍利子真如不異無生滅無
生滅不異真如真如即是無生滅無生滅即
是真如法界法性平等性離生性法定法住
實際虛空界不思議界不異無生滅無生滅
不異法界乃至不思議界法界乃至不思議
界即是無生滅無生滅即是法界乃至不思
議界舍利子由此緣故我作是說真如入不
二無妄法數法界乃至不思議界入不二無
妄法數舍利子無上正等菩提不異無生滅

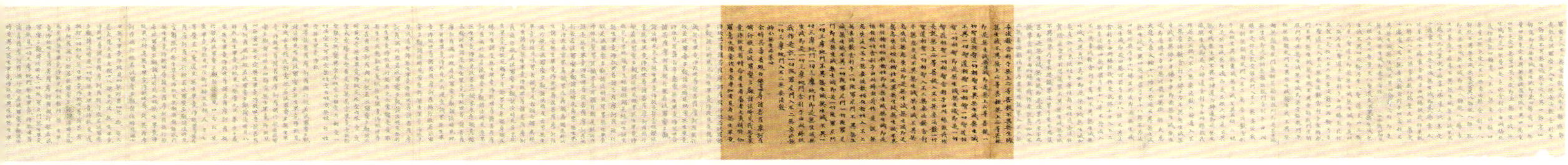

妄法數舍利子無上正等菩提不異無生滅
無生滅不異無上正等菩提無上正等菩提
即是無生滅無生滅即是無上正等菩提一
切智道相智一切相智不異無生滅無生滅
不異一切智道相智一切相智一切智道相
智一切相智即是無生滅無生滅即是一切
智道相智一切相智舍利子由此緣故我作
是說無上正等菩提入不二無妄法數一切
智道相智一切相智入不二無妄法數舍利
子無忘失法不異無生滅無生滅不異無
忘失法無忘失法即是無生滅無生滅即是
無忘失法恒住捨性不異無生滅無生滅不異
恒住捨性恒住捨性即是無生滅無生滅即是

無妄法數舍利子一切陁羅尼門不異無生
滅無生滅不異一切陁羅尼門一切陁羅尼
門即是無生滅無生滅即是一切陁羅尼門
一切三摩地門不異無生滅無生滅不異一
切三摩地門一切三摩地門即是無生滅無
生滅即是一切三摩地門舍利子由此緣故
我作是說一切陁羅尼門入不二無妄法數
一切三摩地門入不二無妄法數

初分無生品第廿

尒時具壽善現白佛言世尊諸菩薩摩訶薩
脩行般若波羅蜜多觀諸法時見我無生畢
竟淨故見有情命者生者養者士夫補特伽
羅意生儒童作者受者知者見者無生畢竟

羅意生儒童作者受者知者見者無生畢竟
淨故世尊諸菩薩摩訶薩脩行般若波羅蜜
多觀諸法時見色無生畢竟淨故見受想行
識無生畢竟淨故世尊諸菩薩摩訶薩脩行
般若波羅蜜多觀諸法時見眼處無生畢竟
淨故見耳鼻舌身意處無生畢竟淨故世尊
諸菩薩摩訶薩脩行般若波羅蜜多觀
諸法時見色處無生畢竟淨故見聲香味觸法
處無生畢竟淨故世尊諸菩薩摩訶薩脩行
般若波羅蜜多觀諸法時見眼界無生畢竟淨
故見色界眼識界及眼觸眼觸為緣所生諸受
無生畢竟淨故世尊諸菩薩摩訶薩脩行
般若波羅蜜多觀諸法時見耳界無生畢竟
淨故見聲界耳識界及耳觸耳觸為緣所生諸受

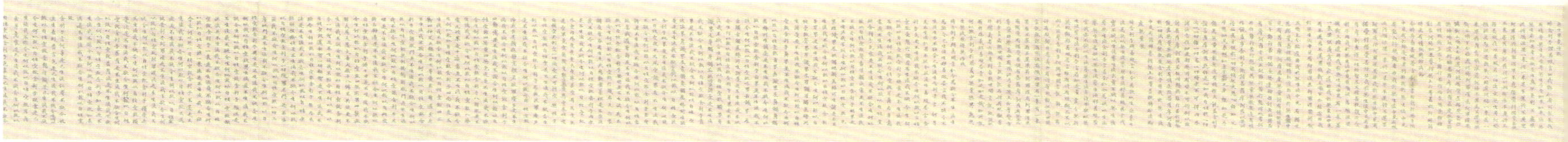

行般若波羅蜜多觀諸法時見鼻界無生畢
竟淨故見香界鼻識界及鼻觸鼻觸為緣所
生諸受無生畢竟淨故世尊諸菩薩摩訶薩
脩行般若波羅蜜多觀諸法時見舌界無生
畢竟淨故見味界舌識界及舌觸舌觸為緣
所生諸受無生畢竟淨故世尊諸菩薩摩訶
薩脩行般若波羅蜜多觀諸法時見身界無
生畢竟淨故見觸界身識界及身觸身觸為
緣所生諸受無生畢竟淨故世尊諸菩薩摩
訶薩脩行般若波羅蜜多觀諸法時見意界
無生畢竟淨故見法界意識界及意觸意觸
為緣所生諸受無生畢竟淨故世尊諸菩薩
摩訶薩脩行般若波羅蜜多觀諸法時見地
界無生畢竟淨故見水火風空識界無生畢

摩訶薩脩行般若波羅蜜多觀諸法時見地
界無生畢竟淨故見水火風空識界無生畢
竟淨故世尊諸菩薩摩訶薩脩行般若波羅
蜜多觀諸法時見苦聖諦無生畢竟淨故見
集滅道聖諦無生畢竟淨故世尊諸菩薩摩
訶薩脩行般若波羅蜜多觀諸法時見無明
無生畢竟淨故見行識名色六處觸受愛取
有生老死愁歎苦憂惱無生畢竟淨故世尊
諸菩薩摩訶薩脩行般若波羅蜜多觀諸法
時見內空無生畢竟淨故見外空內外空空
空大空勝義空有為空無為空畢竟空無際
空散空無變異空本性空自相空共相空一
切法空不可得空無性空自性空無性自性

諸法時見布施波羅蜜多無生畢竟淨故見
淨戒安忍精進靜慮般若波羅蜜多無生畢
竟淨故世尊諸菩薩摩訶薩脩行般若波羅
蜜多觀諸法時見四靜慮無生畢竟淨故見
四無量四無色定無生畢竟淨故世尊諸菩薩
摩訶薩脩行般若波羅蜜多觀諸法時見八
解脫無生畢竟淨故見八勝處九次第定十遍
處無生畢竟淨故世尊諸菩薩摩訶薩脩
行般若波羅蜜多觀諸法時見四念住無
生畢竟淨故見四正斷四神足五根五力七
等覺支八聖道支無生畢竟淨故世尊諸菩
薩摩訶薩脩行般若波羅蜜多觀諸法時見
空解脫門無生畢竟淨故見無相無願解脫門
無生畢竟淨故世尊諸菩薩摩訶薩脩行般

空解脫門無生畢竟淨故見無相無願解脫門
無生畢竟淨故世尊諸菩薩摩訶薩脩行般
若波羅蜜多觀諸法時見五眼無生畢竟淨
故見六神通無生畢竟淨故世尊諸菩薩摩
訶薩脩行般若波羅蜜多觀諸法時見佛十
力無生畢竟淨故見四無所畏四無礙解大
慈大悲大喜大捨十八佛不共法無生畢竟
淨故世尊諸菩薩摩訶薩脩行般若波羅蜜
多觀諸法時見一切智無生畢竟淨故見道
相智一切相智無生畢竟淨故世尊諸菩薩
摩訶薩脩行般若波羅蜜多觀諸法時見無
忘失法無生畢竟淨故見恒住捨性無生畢
竟淨故世尊諸菩薩摩訶薩脩行般若波

諸菩薩摩訶薩脩行般若波羅蜜多觀諸法
時見異生無生畢竟淨故見異生法無生畢
竟淨故世尊諸菩薩摩訶薩脩行般若波羅
蜜多觀諸法時見預流無生畢竟淨故見預
流法無生畢竟淨故世尊諸菩薩摩訶薩脩
行般若波羅蜜多觀諸法時見一來無生畢
竟淨故見一來法無生畢竟淨故世尊諸菩
薩摩訶薩脩行般若波羅蜜多觀諸法時見
不還無生畢竟淨故見不還法無生畢竟淨
故世尊諸菩薩摩訶薩脩行般若波羅蜜多
觀諸法時見阿羅漢無生畢竟淨故見阿羅
漢法無生畢竟淨故世尊諸菩薩摩訶薩脩
行般若波羅蜜多觀諸法時見獨覺無生畢
竟淨故見獨覺法無生畢竟淨故世尊諸菩

行般若波羅蜜多觀諸法時見獨覺無生畢
竟淨故見獨覺法無生畢竟淨故世尊諸菩
薩摩訶薩脩行般若波羅蜜多觀諸法時見
菩薩無生畢竟淨故見菩薩法無生畢竟淨
故世尊諸菩薩摩訶薩脩行般若波羅蜜多
觀諸法時見如來無生畢竟淨故見如來法
無生畢竟淨故
時舍利子謂善現言如我解仁者所說義我
有情等無生色受等無生乃至如來如來法無
無生若如是者六趣受生應無差別不應預
流得預流果一來得一來果不還得不還果
阿羅漢得阿羅漢果不應獨覺得獨覺菩提
不應菩薩摩訶薩得一切相智亦不應得五

來果脩薄貪瞋癡道何緣不還爲不還果脩
斷五順下分結道何緣阿羅漢爲阿羅漢果
脩斷五順上分結道何緣獨覺爲獨覺菩提
脩悟緣起道何緣菩薩摩訶薩爲度無量諸
有情故脩多百千難行苦行備受無邊種種
劇苦何緣如來證得無上正等菩提何緣諸
佛爲有情故轉妙法輪
尒時具壽善現荅舍利子言非我於無生法
中見有六趣受生差別非我於無生法中見
有能入諦現觀者非我於無生法中見有預
流得預流果一來得一來果不還得不還果
阿羅漢得阿羅漢果非我於無生法中見有
獨覺得獨覺菩提非我於無生法中見有菩

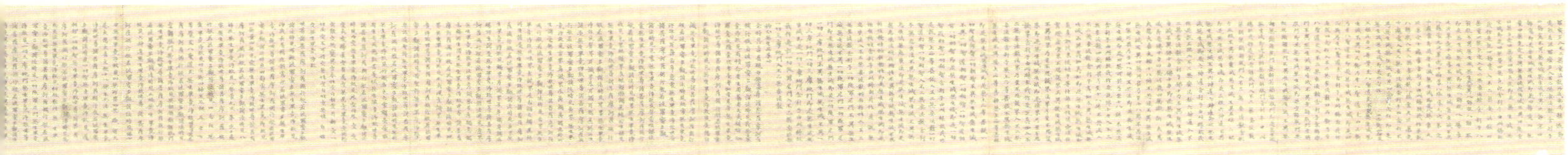

獨覺得獨覺菩提非我於無生法中見有菩
薩摩訶薩得一切相智及五種菩提復次舍
利子非我於無生法中見有預流為預流果
脩斷三結道非我於無生法中見有一來為
一來果脩薄貪瞋癡道非我於無生法中見
有不還為不還果脩斷五順下分結道非我
於無生法中見有阿羅漢為阿羅漢果脩斷
五順上分結道非我於無生法中見有獨覺
為獨覺菩提脩悟緣起道非我於無生法中
見有菩薩摩訶薩為度無量諸有情故脩多
百千難行苦行備受無邊種種劇苦而諸菩
薩摩訶薩亦復不起難行苦行想所以者何
非住難行苦行想能為無量無數無邊有情

毋想如兄弟想如妻子想如己身想如是乃
能為無量無數無邊有情作大饒益舍利子
諸菩薩摩訶薩應作是心如我自性於一切
法以一切種一切處一切時求不可得內外
諸法亦復如是都無所有皆不可得何以故
諸菩薩摩訶薩若住此想修難行苦行便能
饒益無量無數無邊有情是故菩薩摩訶薩
於一切法應無執受舍利子非我於無生法
中見有諸佛證得無上正等菩提轉妙法輪
度無量衆
時舍利子聞善現言仁今為欲以生法證生
法為欲以無生法證無生法耶善現答言我
實不欲以生法證生法亦實不欲以無生法

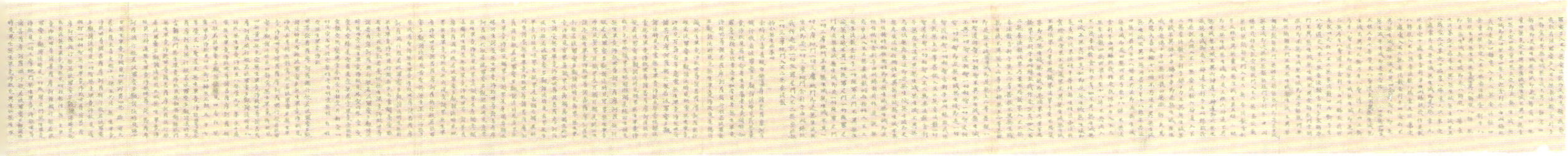

實不欲以生法證生法亦實不欲以無生法
證無生法舍利子言若尒仁今為欲以生法
證無生法為欲以無生法證生法耶善現答
言我亦不欲以生法證無生法亦復不欲以無
生法證生法舍利子言若如是者豈全無得
無現觀耶善現答言雖有得有現觀而不以
此二法證舍利子但隨世間言說施設有
得有現觀非勝義中有得有現觀但隨世間
言說施設有預流有預流果有一來有一來
果有不還有不還果有阿羅漢有阿羅漢果
有獨覺有獨覺菩提有菩薩摩訶薩有無上正
等覺非勝義中有預流乃至無上正等覺舍
利子言若隨世間言說施設有得有現觀等

何以故舍利子於勝義中無業無異熟無
生無滅無染無淨故
時舍利子問善現言仁今為欲令不生法生
為欲令已生法生耶善現荅言我不欲令不
生法生亦不欲令已生法生舍利子言何等
是不生法仁者不欲令彼法生善現荅言舍
利子色是不生法我不欲令生何以故以自性
空故受想行識是不生法我不欲令生何
以故以自性空故舍利子眼處是不生法我
不欲令生何以故以自性空故耳鼻舌身意
處是不生法我不欲令生何以故以自性空
故舍利子色處是不生法我不欲令生何以
故以自性空故聲香味觸法處是不生法我

故以自性空故聲香味觸法處是不生法我
不欲令生何以故以自性空故舍利子眼界是
不生法我不欲令生何以故以自性空故色
界眼識界及眼觸眼觸為緣所生諸受是不
生法我不欲令生何以故以自性空故舍利
子耳界是不生法我不欲令生何以故以自
性空故聲界耳識界及耳觸耳觸為緣所
生諸受是不生法我不欲令生何以故以自性
空故舍利子鼻界是不生法我不欲令生何
以故以自性空故香界鼻識界及鼻觸鼻觸
為緣所生諸受是不生法我不欲令生何以
故以自性空故舍利子舌界是不生法我不
欲令生何以故以自性空故味界舌識界及

法我不欲令生何以故以自性空故觸界身
識界及身觸身觸爲緣所生諸受是不生法
我不欲令生何以故以自性空故舍利子意
界是不生法我不欲令生何以故以自性空
故法界意識界及意觸意觸爲緣所生諸
受是不生法我不欲令生何以故以自性空故
舍利子地界是不生法我不欲令生何以故
以自性空故水火風空識界是不生法我
不欲令生何以故以自性空故舍利子苦聖
諦是不生法我不欲令生何以故以自性空
故集滅道聖諦是不生法我不欲令生何以
故以自性空故舍利子無明是不生法我不
欲令生何以故以自性空故行識名色六處

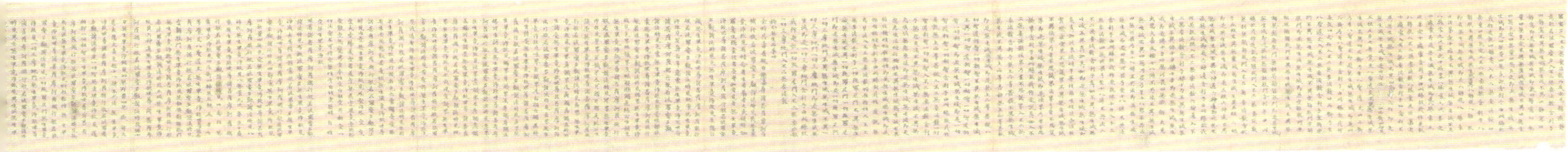

欲令生何以故以自性空故行識名色六處
觸受愛取有生老死愁歎苦憂惱是不生法
我不欲令生何以故以自性空故舍利子內空
是不生法我不欲令生何以故以自性空故
外空內外空空空大空勝義空有為空無
為空畢竟空無際空散空無變異空本性空
自相空共相空一切法空不可得空無性空
自性空無性自性空是不生法我不欲令生
何以故以自性空故舍利子布施波羅蜜多
是不生法我不欲令生何以故以自性空故
淨戒安忍精進靜慮般若波羅蜜多是不生
法我不欲令生何以故以自性空故舍利子
四靜慮是不生法我不欲令生何以故以自

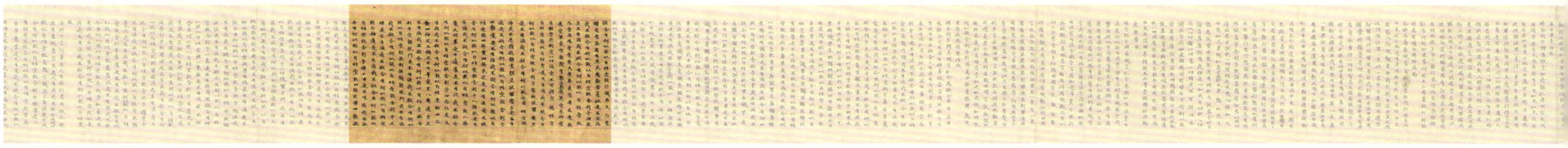

生法我不欲令生何以故以自性空故八勝
處九次第定十遍處是不生法我不欲令
生何以故以自性空故舍利子四念住是不
生法我不欲令生何以故以自性空故四正
斷四神足五根五力七等覺支八聖道支是
不生法我不欲令生何以故以自性空故舍
利子空解脫門是不生法我不欲令生何以
故以自性空故無相無願解脫門是不生法
我不欲令生何以故以自性空故舍利子五
眼是不生法我不欲令生何以故以自性空
故六神通是不生法我不欲令生何以故以
自性空故舍利子佛十力是不生法我不欲
令生何以故以自性空故四無所畏四無礙

BD00243　大般若波羅蜜多經卷七四

令生何以故以自性空故四無所畏四無礙
解大慈大悲大喜大捨十八佛不共法是不
生法我不欲令生何以故以自性空故舍利
子一切智是不生法我不欲令生何以故以
自性空故道相智一切相智是不生法我不
欲令生何以故以自性空故舍利子無忘失
法是不生法我不欲令生何以故以自性空
故恒住捨性是不生法我不欲令生何以故
以自性空故舍利子一切陁羅尼門是不生
法我不欲令生何以故以自性空故一切三
摩地門是不生法我不欲令生何以故以自
性空故舍利子異生是不生法我不欲令生
何以故以自性空故異生法是不生法我不

流法是不生法我不欲令生何以故以自性
空故舍利子一来是不生法我不欲令生何
以故以自性空故一来法是不生法我不欲
令生何以故以自性空故舍利子不還是不
生法我不欲令生何以故以自性空故不還
法是不生法我不欲令生何以故以自性空
故舍利子阿羅漢是不生法我不欲令生何
以故以自性空故阿羅漢法是不生法我不
欲令生何以故以自性空故舍利子獨覺是
不生法我不欲令生何以故以自性空故獨
覺法是不生法我不欲令生何以故以自性
空故舍利子菩薩是不生法我不欲令生何
以故以自性空故菩薩法是不生法我不欲
令生何以故以自性空故舍利子如來是不

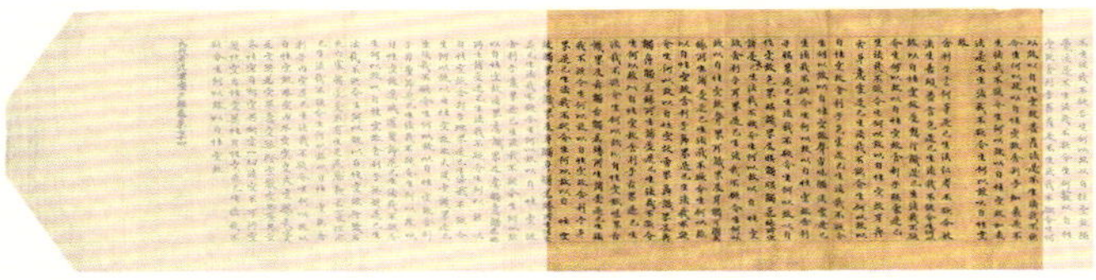

以故以自性空故菩薩法是不生法我不欲
令生何以故以自性空故舍利子如来是不
生法我不欲令生何以故以自性空故如来
法是不生法我不欲令生何以故以自性空
故
舍利子言何等是已生法仁者不欲令彼
法生善現荅言色是已生法我不欲令生何以
故以自性空故受想行識是已生法我不欲
令生何以故以自性空故舍利子眼處是已
生法我不欲令生何以故以自性空故耳鼻
舌身意處是已生法我不欲令生何以故以
自性空故舍利子色處是已生法我不欲令
生何以故以自性空故聲香味觸法處是已

性空故色界眼識界及眼觸眼觸為緣所生
諸受是已生法我不欲令生何以故以自性空
故舍利子耳界是已生法我不欲令生何以
故以自性空故聲界耳識界及耳觸耳觸為
緣所生諸受是已生法我不欲令生何以故
以自性空故舍利子鼻界是已生法我不欲
令生何以故以自性空故香界鼻識界及鼻
觸鼻觸為緣所生諸受是已生法我不欲令
生何以故以自性空故舍利子舌界是已生
法我不欲令生何以故以自性空故味界舌
識界及舌觸舌觸為緣所生諸受是已生法
我不欲令生何以故以自性空故舍利子身
界是已生法我不欲令生何以故以自性空
故觸界身識界及身觸身觸為緣所生諸受

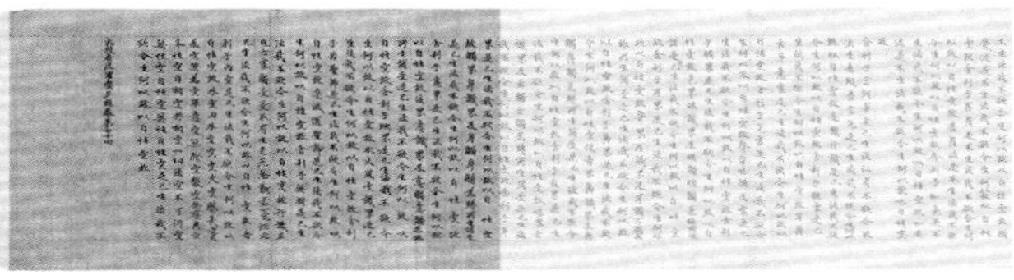

界是已生法我不欲令生何以故以自性空
故觸界身識界及身觸身觸為緣所生諸受
是已生法我不欲令生何以故以自性空故
舍利子意界是已生法我不欲令生何以故
以自性空故法界意識界及意觸意觸為緣
所生諸受是已生法我不欲令生何以故以
自性空故舍利子地界是已生法我不欲令
生何以故以自性空故水火風空識界是已
生法我不欲令生何以故以自性空故舍利
子苦聖諦是已生法我不欲令生何以故以
自性空故集滅道聖諦是已生法我不欲令
生何以故以自性空故舍利子無明是已生
法我不欲令生何以故以自性空故行識名

利子內空是已生法我不欲令生何以故以
自性空故外空內外空空空大空勝義空有
為空無為空畢竟空無際空散空無變異空
本性空自相空共相空一切法空不可得空
無性空自性空無性自性空是已生法我不
欲令生何以故以自性空故

大般若波羅蜜多經卷第七十四

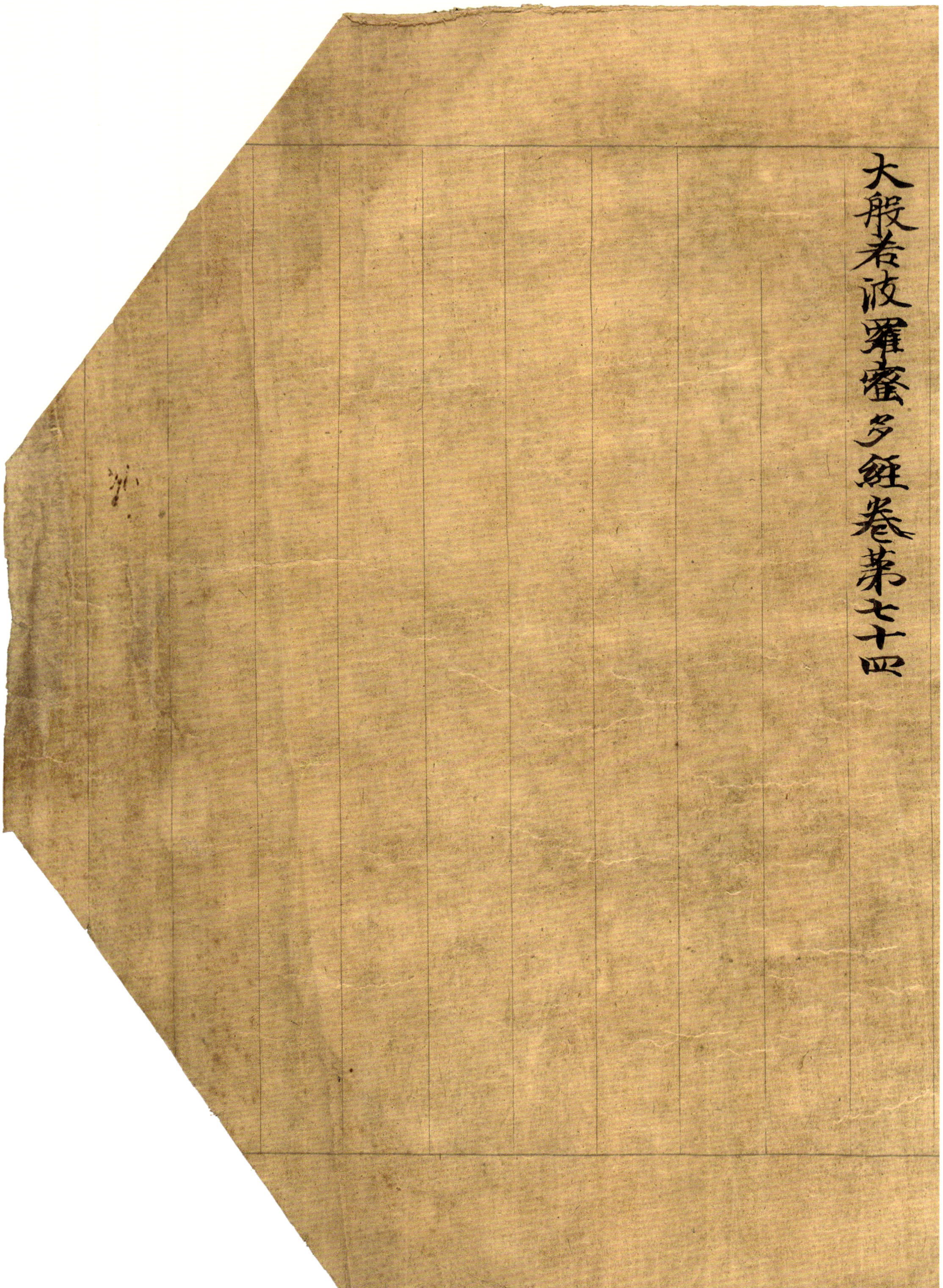

大般若波羅蜜多經卷第七十四

BD00243v　勘記

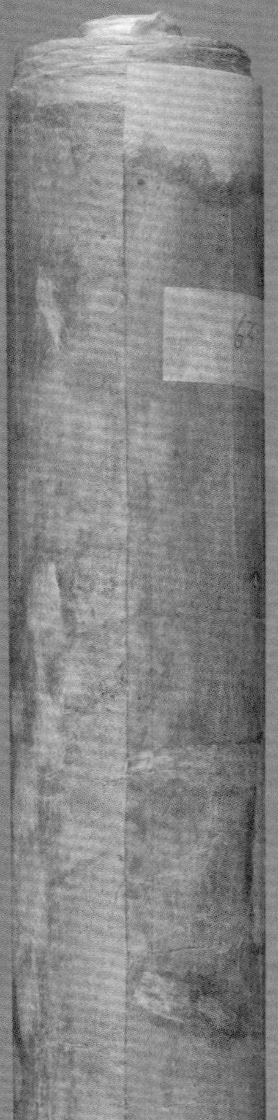

BD00244 佛名經（十六卷本）卷一二

871.9cm × 30cm

南无一切德山光明威德王佛
南无法雲吼王佛　南无智炬王佛
南无法電幢王勝佛
南无法燈智師力山威德王佛
南无一切法印吼威德王佛
南无无垢法山威德燈佛
南无法輪光明頂佛　南无法光明勝
南无法海説聲王佛　南无法月智輪处
南无法華高幢雲佛　南无法炎山雞兜王
南无法行深勝月佛　南无法智普光明藏佛
南无常智作佛　南无山王勝藏王佛
南无普門賢跡留法疾精進幢佛
南无一切法寶具莊嚴象雲佛

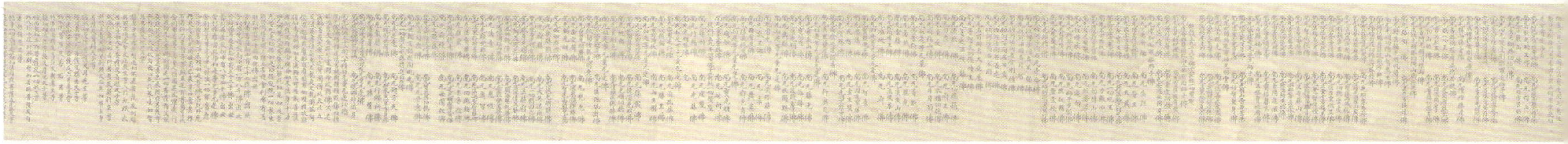

南无一切法寶俱蘊摩勝雲佛
南无寂靜光明身髻佛　南无
南无奕勝海佛　南无
南无普輪佛　南无智照頂王佛
南无智山法界十方光明威德王佛
次礼十二部尊經大藏法輪
南无國王薩經　南无阿毗曇經
南无金剛斋經　南无持世經
南无阿那律八念經　南无等集經
南无迦羅越經　南无阿難問因緣持戒經
南无薩和達王經　南无阿難邠邸和四時施經
南无阿闍世王經　南无阿閦佛經
南无德光太子經　南无小阿闍經
南无阿遮三昧經　南无胞藏經

南无德光太子経　南无小阿闍経
南无阿陁三昧経　南无胞藏経
南无阿鳩留経　南无漸備一切智経
南无菩薩悔過経　南无阿闍世女経
南无曉所諍不解者経　南无菩薩十過和経
南无阿枤経　南无惡人経
南无菩薩等行分然國経　南无阿毗曇九十八結経
南无趣度世道経　南无惟越経
次礼十方諸大菩薩
南无文殊師利菩薩摩訶薩
南无觀世音菩薩　南无大勢至菩薩
南无普賢菩薩　南无龍勝菩薩
南无龍德菩薩　南无勝成就菩薩

南无龍德菩薩　南无勝成就菩薩
南无勝藏菩薩　南无波頭勝菩薩
南无成就有菩薩　南无地持菩薩
南无寶掌菩薩　南无寶印手菩薩
南无師子意菩薩　南无虛空藏菩薩
南无師子奮迅吼聲菩薩　南无發心即轉法輪菩薩
從此以上九千二百佛十二部經一切賢聖
南无一切聲差別樂說菩薩
南无山樂說菩薩　南无大海音菩薩
南无大山菩薩　南无愛見菩薩
南无歡喜王菩薩　南无无邊觀菩薩
次礼聲聞緣覺一切賢聖
南无善快辟支佛　南无速隨辟支佛
南[illegible]

南无善快辟支佛　南无逮陁辟支佛
南无吉沙辟支佛　南无憂波吉沙辟支佛
南无斷有辟支佛　南无憂波支羅辟支佛
南无斷愛辟支佛　南无施婆羅辟支佛
南无轉覺辟支佛　南无吉垢辟支佛
南无高去辟支佛　南无阿迷多辟支佛
歸命如是等无量无邊辟支佛
　禮三寶已次復懺悔
已懺地獄報竟今當復次懺悔三惡道報
經中佛說多欲之人多求利故苦惱亦多知足
之人雖卧地上猶以為樂不知足者雖處天堂猶不
稱意但世間人忽有急難便能捨財不計多少而不知
其身臨於三塗坑之上一息不還便應墮落忽有知

此身臨於三塗坑之上一息不還便應墮落忽有知
識營切福德令脩未來善法資粮執此慳心无肯
作理夫如此者極爲愚惑何以故尒經中佛説生時
不賫一文而來死亦不持一文而去苦身積聚爲之
憂惱於己无益徒爲他有无善可恃无德
可怙致使命終墮諸惡道是故弟子等
今日發誓願懇到歸依於佛

南无東方大光曜佛　南无南方虛空住佛
南无西方金剛步佛　南无北方无邊力佛
南无東南方无邊王佛　南无西南方壞諸怨賊佛
南无西北方離垢光佛　南无東北方金色光音佛
南无上方月幢王佛　南无下方師子遊戲佛
如是十方盡虛空界一切三寶

如是十方盡虛空界一切三寶
弟子今日次復懺悔畜生道中无所識知罪
報懺悔畜生道中牽犂償他宿罪罪報懺悔
畜生道中不得自在為他所殺屠割罪報
懺悔畜生无足二足四足多足罪報懺悔
畜生道中身諸毛羽鱗甲之內為諸小虫之
所唼食罪報如是畜生道中有无量罪報今
日至誠皆悉懺悔
次復懺悔餓鬼道中長飢罪報懺悔餓鬼
百千万歲初不曾聞漿水之名罪報
懺悔餓鬼食噉膿血糞穢罪報懺悔餓鬼
動身之時一切枝節火然罪報懺悔餓鬼腹
大咽小罪報如是餓鬼道中无量苦報今日

大因小罪報如是餓鬼道中无量苦報今日
稽顙皆悉懺悔
次復一切鬼神脩羅道中誑諂詐稱罪報懺
悔鬼神道中檐沙負石填河塞海罪報懺
悔鬼神羅刹鳩槃荼諸惡鬼神生噉血肉
受此醜陋罪報如是鬼神道中无量无
邊一切罪報今日稽顙向十方佛大地菩
薩求哀懺悔悉令消滅
願弟子等承是懺悔畜生等報所生功
德生生世世滅愚癡垢自識業緣智慧
明照斷惡道身願以懺悔餓鬼等報所
生功德生生世世永離慳貪餓鬼之苦常
食甘露解脫之味願以懺悔鬼神脩羅等

食甘露解脱之味願以懺悔鬼神脩羅等
報所生功德生生世世質直无諂離邪命因
除醜陋果福利人天願弟子等從今以去
乃至道場決定不受四惡道報唯除大
悲爲衆生故以誓願力處之无猒 作禮一拜
此經有六十品略此一品流行
佛言云何菩提樹華悉皆墮落其華光
色不如於常一切大衆皆生疑惑唯願天
尊爲我解説令此衆中諸坐大士疑惑
悉除尒時世尊從三昧起光顔巍巍舉身
毛孔皆悉出光語寶達菩薩言汝等善
聽今爲汝説所以菩提樹華墮落失光
者何如上所説沙門行惡墮苦處受

者何如上所說沙門行惡墮苦處受
罪无殃是故菩提樹華失光墮落寶達
前白佛言唯願為我說此惡行沙門果報之
處佛告寶達菩薩東方乃有鐵圍
大山其山中間幽冥之處日月光明及以火
光所不能照名曰地獄其獄之中有惡沙
門受如是罪汝可往詣問諸罪人云何因緣
來生此處脩何等行受如是罪寶達白佛
言世尊我无威神何能往詣願佛大悲垂神
顧念乃使我等得見東方阿鼻地獄佛
言善哉善哉汝今但往令汝得見寶達菩
薩礼佛而去龍飛虛空俳佪自在當尒之時
大地震動於虛空中雨寶蓮華飛流而

大地震動於虛空中雨寶蓮華飛流而
下尒時寶達一念之傾往詣東方鐵圍山間
其山崦嵫幽冥高峻其山四方了无草木
日月威光都不能照寶達須前使道兩邊
有卅六王典主地獄其王名恒伽嚛王波吉
頭王廣目都王安頭羅王虎目見王陽聲
吉王大諍訟王吸血鬼王安得羅王隨達王
達多羅王吉梨善王安侵羅王寶首王舍
樹吉王大惡聲王烏頭王等虎眼王等烏
牙王等震聲王等歸首王依首王見首王
廣安王廣定王頭王立正王立見王摩尼
羅王都會王部見王惡目王善王龍口王鬼
王南安王等卅六王遥見寶達菩薩悉

王南安王等卅六王遥見寶達菩薩悲
皆叉手合掌前行作礼白言大智尊王云
何因入此苦處亦如旃檀在伊蘭而生寶
達答言我聞如來三界人尊說言東方有
鐵圍山其山幽冥日月之光所不能照我故
聞之故來詣汝諸王前入地獄行諸罪人汝
等諸王誰能共我往詣大王前見罪人受
苦之者尒時恒伽喋王即便与寶達菩薩
往詣大王尒時大鬼王遥見寶達菩薩從門
而來光顔璀璨即便下坐往前礼敬白言大
王今此惡處云何惟哉伊蘭林中忽生栴檀
尒時寶達便前就以問鬼王曰今此東方地
獄可有幾獄鬼王答言此山之中有无量

獄可有幾獄鬼王荅言此山之中有无量
地獄今此一方有卅二沙門地獄寶達問曰卅
二地獄其名云何鬼王荅曰鐵車鐵馬鐵牛鐵
驢地獄鐵衣地獄鉢洋銅灌口地獄流火地獄
鐵林地獄鍑田地獄斫首地獄燒脚地獄鐵鏘
地獄飲鐵鉢地獄飛刀地獄火箭地獄腿肉地
獄身然地獄火丸仰口地獄諍論地獄雨火地
獄流火地獄糞屎地獄鉤陰地獄火急地獄烊
聲地獄叩頭地獄諸鏃鑵地獄崩埋地獄然
手脚地獄銅狗鋸牙地獄剥皮池血地獄解
身地獄鐵屋地獄鐵山地獄飛火交叫分頭地
尒時鬼王荅寶達曰地獄受罪其名如是寶
達即便入地獄中上高樓頭四顧望視見罪

達即便入地獄中上高樓頭四顧望視見罪
人等各從四門咬叫而入寶達前入鐵車鐵
馬鐵牛鐵驢此四小獄并為一地獄云何名
日鐵車鐵馬鐵牛鐵驢地獄此地獄方圓縱
廣十五由旬其中鐵城高一由旬猛火煇赫
烱然其車鐵作焱赫熾然中有鐵牛其身
亦然頭角毛尾皆如鋒鋌火然烱炎俱出
其鐵馬者身毛鬃尾鬣如釖鋒毛尾火然
烱炎俱出其鐵驢者亦復如是其地獄中
有鐵鏃鏁鬣如鋒鉅鐵銷遼亂遍布其地
其銷火然猛盛於前尒時北門之中有五百沙
門咩聲咬叫口眼火出唱如是言云何我今
受如是苦獄卒夜叉馬頭羅剎手捉三鈷鐵

受如是苦獄卒夜叉馬頭羅剎手捉三鈷鐵
叉叉心而鍾匈前而出復有鐵索繼其
髀其鏁火然燒罪人髀復有鐵枷枷罪人咽
其枷八方烈釜而鋒鋸炯火猛熾來燒罪人
頭尒時罪人宛轉倒地而不肯前馬頭羅剎
手捉鐵鋒鋒頭而打罪人身體碎而微塵
復餓鬼來食其肉復有餓狗來飲其血
馬頭羅剎蹋地言活活罪人即活尒時鐵牛
吼喚跳地其牛吼喚來向罪人罪人迫近宛
轉於地馬頭羅剎手捉鐵叉叉著車上罪
人跳踉復墮牛上牛毛仰刺膓而入背上而出
牛復跳踉復墮馬上馬毛仰刺亦如鋒鋸馬
尾踏之身即碎爛須臾還活尒時鐵馬舉腳

尾踖之身即碎爛須臾還活尒時鐵馬舉脚
連蹹身破如塵須臾還活複騎鐵驢驢即
跳踉罪人墮地驢便大瞋舉脚連蹴須臾還
活一日一夜受罪无量寶達問馬頭羅剎
曰此諸沙門云何如是羅剎荅曰此諸沙門
受佛禁戒不惜將來但取現在違犯淨
戒故惡業畜不淨物乘車騎馬走驢治生
心无慈善不護威儀受人信施惡因緣故墮
此地獄百千万劫若得為人身不具足聾盲
閑塞不見三寶不聞正法寶達聞之悲泣
歎曰云何沙門應為出三界云何惡業受如
是罪寶達即去

南无功德光俱蘊摩燈佛　南无智炬尚雞兜幢王佛

南无功德光俱蘇摩燈佛
南无智炬高雞兜幢王佛
南无日照光明王佛
南无相山佛
南无莊嚴山佛
南无日步普照佛
南无法王網勝功德佛
南无四无畏金剛那羅延師子佛
南无普智幢勇猛佛
南无法波頭摩數身佛
南无功德俱摩身重積佛
南无道場覺勝月佛
南无然法炬勝月佛
南无普賢光明頂佛
南无法幢燈金剛堅幢佛
南无稱山勝雲佛
南无檀檀勝月佛
南无普勝俱蘇摩威德菩提佛
南无照一切王佛
南无波頭摩勝藏佛
南无香炎照王佛
南无因波頭摩佛

南无香炎照王佛　南无因波頭摩佛
南无相山照佛　南无善稱功德王佛
南无善門光明須弥山佛
南无法城光明勝功德山威德王佛
南无勝相　佛　南无法力勇猛幢佛
南无轉法輪光明吼聲佛
南无光明功德山智慧王佛
南无轉法輪月勝波頭摩照佛
南无佛幢自在功德不可勝幢佛
南无寶波頭摩光明藏佛　南无光明峯雲燈佛
南无善讚俱蕪摩佛　南无種種光明勝山藏佛
南无金山威德賢佛　南无賢勝山威德佛
南无明輪峯王佛　南无功德雲盡佛

南无明輪峯王佛　南无功德雲盡佛
南无法峯雲幢佛　南无法日雲燈王佛
南无功德山威德佛　南无法雲十方稱王佛
南无法輪蓋雲佛　南无覺智智幢佛
南无智威德佛　南无法輪清淨勝月佛
南无善慧雲聲佛　南无法力勝山佛
南无香炎勝王佛　南无伽耶迦摩尼山威德佛
南无須藏一切法光輪佛　南无然法輪威德佛
南无山峯勝威德佛　南无善精進炬佛
南无三昧海廣頂冠光佛　南无寶妙勝王佛
南无日勝妙佛　南无法炬寶帳聲佛
南无法虛空无邊光師子佛
南无相莊嚴幢月佛　南无光明山雷電雲佛

南无相莊嚴幢月佛　南无光明山雷電雲佛
南无法虚空无身光佛　南无妙智敷身佛
南无世間因陁羅妙光明雲佛
南无法三昧光佛　南无法善莊嚴藏佛
南无法無畏堅固聲佛　南无三世相鏡像威德佛
南无法輪峯光明佛　南无法界師子光明佛
從此以上九千三百佛十二部經一切賢聖
南无盧舍那勝須弥山三昧堅固師子佛
南无善光明城燈佛　南无寶俱蘇摩藏佛
南无轉妙法聲佛　南无虚空劫燈佛
南无法幢佛　南无安隱世間月佛
南无摩訶伽羅那師子佛
南无可樂聲佛　南无安隱佛

南无可樂聲佛　南无安隱佛
南无增上信威德佛　南无鎣王佛
南无法虚空上勝王佛　南无天藏佛
南无地峯王佛　南无轉法輪光明吼王佛
南无智虚空藥王佛　南无一切吼王佛
南无不可降伏佛　南无力難兜佛
南无轉法輪化普光明聲佛　南无相勝山佛
南无具足堅象佛　南无垢婆差佛
南无住持疾佛　南无遍相佛
南无无垢婆侯佛　南无師子步脩佛
南无天自在頂佛　南无法起稱佛
南无火无憂嗏佛　南无虚空燈佛
南无无垢幢佛　南无恒河沙同名賢行佛

南无无垢幢佛　南无恒河沙同名賢行佛
南无恒河沙同名无邊命佛
南无恒河沙同名不動佛
南无恒河沙同名月智佛
南无恒河沙同名金剛幢佛
南无恒河沙同名日藏佛
南无恒河沙同名善光佛
南无恒河沙同名金剛佛
南无五百同名大慈悲佛
南无善智炎功德幢王佛
南无善遊法幢勝佛
南无須弥佛　南无功德聚佛
南无自在佛　南无舜王佛

南无自在佛　南无舜王佛
南无量愛佛　南无本稱功德佛
南无須弥山佛　南无日月面佛
南无如是等无量佛
南无虛空行佛　南无善眼佛
南无方城佛　南无勝光佛
南无雲勝佛　南无法炎山佛
南无波頭摩王佛　南无法界華佛
南无海燈佛　南无舜佛
南无如是等无量无邊佛
南无寶雞兜王佛　南无智意佛
南无思議佛　南无因陁羅勝佛
南无天智佛　南无雲王畏佛

南无天智佛　南无雲王畏佛
南无智勝佛　南无光明王雞兜佛
南无勝奮迅威德去佛
南无法界波頭摩佛　南无行廣見佛
南无如是等无量无邊佛
南无寶炎山佛　南无勝光佛
南无寶功德佛　南无海勝佛
南无法光明佛　南无波頭摩佛
南无藏勝佛　南无世間眼佛
南无如是等无量无邊佛
南无香光佛　南无須弥勝佛
南无獄王佛　南无滦佛
南无勝摩尼佛　南无藏王佛

南无勝摩尼佛　南无藏王佛
南无勝威德畏佛　南无寂色去佛
南无如是等无量无邊佛
南无廣知佛　南无寶光明佛
南无虛空雲勝佛　南无妙相佛
從此以上九千四百佛十二部經一切賢聖
南无勝相佛　南无莊嚴佛
南无行輪佛　南无光勝佛
南无光明勝佛　南
南无如是等无量无邊佛
南无那羅延行佛　南无須弥勝佛
南无功德輪佛　南无勝王佛
南无不可降伏佛　南无山王樹佛

南无不可降伏佛　南无山王樹佛
南无如是等无量无邊佛
南无娑羅自在王佛　南无勝藏佛
南无世間自在身佛　南无鏡像光明佛
南无地出佛　南无光明功德佛
南无金剛色佛　南无住持威德勝佛
南无如是等无量无邊佛
南无深法光明身佛　南无法海吼聲佛
南无弥留幢勝光明意佛
南无寶光明勝佛　南无梵光佛
南无虛空聲佛　南无法果鏡像勝佛
南无輪光明佛　南无智光高雞兜意佛
南无伽伽那燈佛

南无伽伽那燈佛
南无樂勝照佛　南无功德光明勝佛
南无尋勝佛　南无大悲速疾佛
南无地力光明意佛　南无一切脩面色佛
南无勝身光明佛　南无法勝宿佛
南无阿尼羅速行佛　南无清淨幢蓋勝佛
南无三世鏡像佛　南无頭海樂説勝佛
南无慚愧須彌山勝佛　南无念雞兜王勝佛
南无法意佛　南无慧燈佛
南无光雞兜勝佛　南无廣智佛
南无法果行智意佛　南无法海意智勝佛
南无法寶勝佛　南无功德輪佛
南无勝雲佛　南无忍辱燈佛

南无勝雲佛　南无忍辱燈佛
南无勝威德意佛　南无速光明賒摩他聲佛
南无寶幢佛　南无世間燈佛
南无大願勝佛
南无不可降伏幢佛　南无智炎勝功德佛
南无法自在佛　南无无㝵意佛
南无世間言語堅固吼光佛
南无一切聲分吼勝精進自在佛
南无具足意佛　南无諸方天佛
南无現面世間佛　南无知衆生心平等身佛
南无寂勝佛　南无行佛行佛
南无清淨身佛　南无勝賢佛
南无如是等上首不可說无量无邊佛

南无如是等上首不可說无量无邊佛
南无彼諸佛所說妙法　南无彼佛妙法身
南无彼佛三十二相八十種好无量无邊功德
南无彼佛種種道場菩提樹種種形像種種
妙塔去來坐卧妙處歸命彼諸佛不退
法輪菩薩大衆不退聲聞僧比丘比丘
尼優婆塞優婆夷天龍夜叉乾闥婆阿
脩羅迦樓羅緊那羅摩睺羅伽種種狀貌
信如來法輪轉如來法輪不可思議菩薩
摩訶薩悉皆歸命歸命如來法身十力
四无所畏戒定慧解脫解脫知見如是等
无量无邊功德如是功德迴施一切衆生
願得阿耨多羅三藐三菩提舍利弗有善

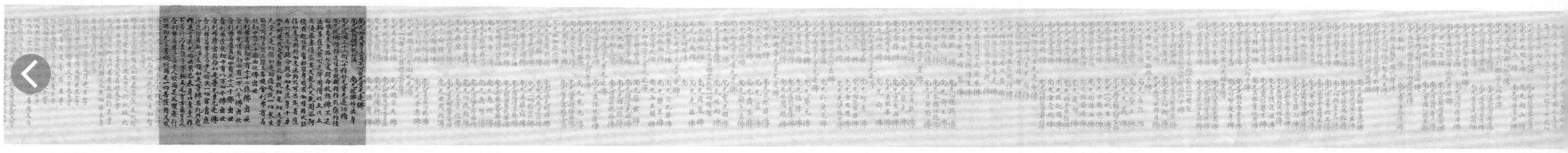

願得阿耨多羅三藐三菩提舍利弗有善
眼劫中有七十那由他佛出世
舍利弗善見劫中有七十二億佛出世
舍利弗梵讚歎劫中有一万八千佛出世
舍利弗名過去劫中有三十二千佛出世
舍利弗莊嚴劫中有八万四千佛出世
舍利弗應當歸命如是等无量无邊佛
舍利弗善男子善女人欲滅一切罪當應
淨洗浴著新淨衣稱如是等佛名礼拜應
作是言我无始世界已來身口意業作
不善行乃至謗方等經五逆罪等願皆消滅
舍利弗善男子善女人欲滿足波羅蜜行
欲迴向无上菩提欲滿足一切菩薩諸波羅

欲迴向无上菩提欲滿足一切菩薩諸波羅
蜜應作是言我學過去未來現在菩薩摩
訶薩脩行大捨破匈出心施於衆生如智
勝菩薩及迦尸王等
捨妻子等布施貧乏如不退菩薩及阿踰
那羅王須達拏及莊嚴王等入於地獄救
苦衆生如大悲菩薩及善眼天子等
救惡行衆生如善行菩薩及勝行王等
捨頂上寶天冠并剃頭皮而與如勝上身
菩薩及寶髻天子等
捨眼如愛作菩薩及月光王等
捨耳鼻如无怨菩薩及勝去天子等
捨齒如華齒菩薩及六牙象王等

捨齒如華齒菩薩及六牙象王等
捨不退菩薩及善面王等
捨手如常精進菩薩及堅意王等
捨血如法作菩薩及月愿天子等
捨肉髓如安隱菩薩及一切施王等
捨大膓小膓肝肺脾腎如善德菩薩及自
在離諸惡王等
捨身一切大小支節如法自在菩薩及光勝天等
捨皮如清淨藏菩薩及金色天子金色鹿王等
捨手足指如堅精進菩薩及金色王等
捨肉指指甲如不可盡菩薩及求善法天子等
為求法故入大火坑如精進菩薩及求妙法
王精進等受一切苦惱如妙法菩薩及速

王精進等受一切苦惱如妙法菩薩及速
行大王等
捨四天下大地及一切莊嚴如得大勢至菩
薩及勝功月天子等
捨身如摩訶薩埵菩薩及摩訶薩婆羅
王等自身與一切貧窮苦惱衆生作給
使侍者如尸毗王等舉要言之過去未來現
在諸菩薩一切波羅蜜行願我亦如是成
就十方世界諸妙香華鬘諸妙伎樂我隨
喜供養佛法僧護迴此福德施一切衆生
願因此福德諸衆生等莫墮惡道因此
福德滿足八万四千諸波羅蜜行速得授阿
耨多羅三藐三菩提記速得不退轉大法

藐多羅三藐三菩提記速得不退轉大法
輪速成无上菩提
敬礼十二部尊經大藏法輪
南无五十法式經　南无愛欲聲經
南无惟明經　南无五蓋離疑經
南无一切義要經　南无慧行經
南无五陰喻經　南无思道經
南无王舍城鷲經　南无賢劫五百佛經
南无五百弟子本起經　南无權變經
南无五恐怖經　南无父母因緣經
南无內外无為經　南无五失蓋經
南无浮木經　南无內外六波羅蜜經
南无佛立三庄嚴淨經　南无鬼子母經

南无佛立庄嚴淨經　南无鬼子母經

從此以上九千五百佛十二部經一切賢聖

南无難龍王經　南无佛說善意經

南无觀行務四事經　南无難提和羅經

南无佛有百比丘經　南无栴陀越經

南无光世音大勢至力受決經

南无梅有八事經

次礼十方諸大菩薩

南无道師菩薩　南无那羅達菩薩

南无星得菩薩　南无水天菩薩

南无主天菩薩　南无大意菩薩

南无益意菩薩　南无增意菩薩

南无不虛見菩薩　南无善集菩薩

南无不虛見菩薩　南无善集菩薩
南无勢勝菩薩　南无常勤菩薩
南无不捨精進菩薩　南无日藏菩薩
南无不戲意菩薩　南无觀世音菩薩
南无滿濡尸利菩薩　南无執寶印菩薩
南无常舉手菩薩　南无弥勒菩薩
次礼聲聞緣覺一切賢聖
南无无漏辟支佛　南无憍慢辟支佛
南无盡憍慢辟支佛　南无親辟支佛
南无得脫辟支佛　南无无垢辟支佛
南无獨辟支佛　南无難盡辟支佛
南无能作憍慢辟支佛
南无退辟支佛　南无不退去辟支佛

南无退辟支佛　南无不退去辟支佛
南无尋辟支佛
歸命如是等无量无邊辟支佛
礼三寶已次復懺悔
已懺三塗等報今當次復稽顙懺悔人
天餘報相與稟此閻浮壽命雖日百年滿
者无幾於其中間感年夭枉其數无量但
有衆苦煎迫形心愁憂怖懼未曾暫離
如此皆是善根微弱惡業滋多致使現在心
有所爲皆不稱意當知悉是過去已來惡
業餘報是故弟子今日至誠歸佛
南无東方蓮華上佛　南无南方調伏王佛
南无西方无量明佛　南无北方勝諸根佛

南无西方无量明佛　南无北方勝諸根佛
南无東南方蓮華尊佛　南无西南方无量華佛
南无西北方自在智佛　南无東北方赤蓮花德佛
南无上方伏怨智佛　南无下方分別佛
如是十方盡虛空界一切三寶
弟子等无始以來至於今日所有現在及
以未來人天之中无量餘報流殃宿對之癃
殘百疾六根不具罪報懺悔人間邊地邪見
三塗八難罪報懺悔人間多病消瘦促命
夭枉罪報懺悔人間六親眷屬不能得常
相保守罪報懺悔人間親友彫喪愛別離
苦罪報懺悔人間怨家聚會愁憂怖畏
罪報懺悔人間水火盜賊刀兵危嶮驚恐

罪報懺悔人間水火盜賊刀兵危嶮驚恐
怯弱罪報懺悔人間孤獨困苦流離波迸
亡失國土罪報懺悔人間牢獄繫閉幽
縶側立鞭撻拷楚罪報懺悔人間公私口
舌迭相羅染更相誣謗罪報懺悔人間惡
病連年累月不差枕卧床席不能起居罪
報懺悔人間冬溫夏疫毒厲傷寒罪報
懺悔人間賊風腫滿否塞罪報懺悔人間為
諸惡神伺求其便欲作禍祟罪報懺悔人間
有鳥鳴百怪飛屍邪鬼為作妖異罪報懺悔
悔人間為虎狗豺狼水陸一切諸惡禽獸所
傷罪報懺悔人間自經自刺自煞罪報懺悔
人間投坑赴水自流自墜罪報懺悔人間无

人間棖梚赴水自流自墜罪報懺悔人間无
有威德名聞罪報懺悔人間衣服資生不稱
心罪報懺悔人間行來出入有所去為值惡知
識為作留難罪報如是現在未來人天之中无
量罪横衮度厄難衰惱罪報弟子今日向十
方佛尊法聖僧求哀懺悔 礼一拜

佛說佛名經卷第十二

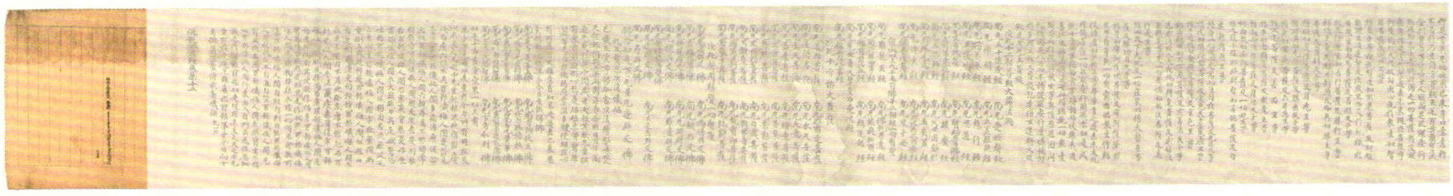

佛弟子僧裴法建　樊法林　曹寺主等奉為十方一切衆生願見聞覺知寫記

經生王瀚

圖書在版編目（CIP）數據

中國國家圖書館藏敦煌文獻．第一八册／中國國家圖書館編．—北京：國家圖書館出版社，2023.12

ISBN 978-7-5013-7893-7

Ⅰ．①中… Ⅱ．①中… Ⅲ．①敦煌學－文獻 Ⅳ．① K870.6

中國國家版本館 CIP 數據核字（2023）第 208503 號

書　　名	中國國家圖書館藏敦煌文獻・第一八册
著　　者	中國國家圖書館　編
項目統籌	魏　崇　殷夢霞
責任編輯	黄　鑫　程魯潔　潘　竹　苗文葉
責任校對	劉　倩　王　衡
出版發行	國家圖書館出版社（北京市西城區文津街 7 號　100034） （原書目文獻出版社　北京圖書館出版社） 010-66114536　63802249　nlcpress@nlc.cn（郵購）
網　　址	http://www. nlcpress. com
排版印裝	天津裕同印刷有限公司
版次印次	2023 年 12 月第 1 版　2023 年 12 月第 1 次印刷
開　　本	787 × 1092　1/8
印　　張	41
書　　號	ISBN 978-7-5013-7893-7
定　　價	2800.00 圓